Die Entschädigung für Bergbauschäden.

Zugleich ein Beitrag zur Lehre vom Schadensersatz.

Von

Dr. Ernst Holländer,
Gerichtsassessor.

Berlin 1913.
J. Guttentag, Verlagsbuchhandlung,
G. m. b. H.

Uebersicht.

I. Die Berechnung der Entschädigung
(materielles Recht).

A. Systematischer Teil.

B. Praktischer Teil.

1. Die einzelnen Arten der Bergbauschäden.

2. Der Gegenstand der Entschädigung.

II. Das Verfahren zur Berechnung der Entschädigung.

(Prozeßrecht.)

I. Die Berechnung der Entschädigung
(materielles Recht).

A. Systematischer Teil.

§ 1. Einleitung. Die volkswirtschaftliche Bedeutung des Anspruchs auf Ersatz von Bergbauschäden; Aufgabe der Darstellung.

In den letzten Jahren hat in fast allen Gegenden Deutschlands, in denen Bergbau getrieben wird, die Abbautätigkeit stark zugenommen; hiermit verband sich dann eine erhebliche Zunahme der Bevölkerung, eine dichtere Besiedelung des Landes und eine große Steigerung der Grundstückswerte.

Diese Erstarkung der Bergbauindustrie wie der in der Nähe von Bergwerken ansässigen Grundstücksbesitzer [1]) bewirkte, daß sich die Reibungen, an denen es zwischen beiden Parteien infolge der Bergbauschäden nie gefehlt hatte, erheblich verstärkten; die Fälle der Beschädigungen wurden infolge des gesteigerten Abbaus trotz besseren Bergeversatzes zahlreicher. die Werte, die infolge der Beschädigungen verloren gingen, höher. Kein Wunder daher, daß die Grund-

---

1) Es wird in der gesamten Abhandlung stets vom Grundstücks b e s i t z e r und Bergwerks b e s i t z e r gesprochen, um anzudeuten, daß auch der besitzende Nichteigentümer zur Entschädigung berechtigt und verpflichtet sein kann. In welchem Umfange dies der Fall sein kann, ist bereits durch die bisherige Literatur, insbesondere durch die eingehende Untersuchung W e s t h o f f s, geklärt, so daß diese Frage nicht mehr erörtert zu werden braucht. Ueber den Begriff des Bergwerksbesitzers vgl. auch uoch RG. in der Zeitschrift für Bergrecht, Bd. 51, S. 158; das Reichsgericht hält in dieser Entscheidung entgegen der in der Literatur herrschenden Meinung seinen bisherigen Standpunkt aufrecht, daß unter Bergwerksbesitzer nur der Bergwerkseigentümer verstanden werden könne.

stücksbesitzer immer häufiger mit Schadensersatzforderungen an die Bergwerksbesitzer herantraten und daß sich auch die gerichtlichen Streitigkeiten wegen der Bergbauschäden stark vermehrten. Die sachlichen Differenzen entfremdeten beide Teile einander, und stellenweise haben die Interessengegensätze geradezu die Form von Klassengegensätzen angenommen.

Die ständige Rechtsprechung, die aus der großen Zahl von Bergschädenprozessen entstanden ist und die auch naturgemäß die Grundlage für die außergerichtlich gezahlten Abfindungen bildet, hat eigentlich beide Teile nicht sehr befriedigt; einmal in der Frage des Kausalzusammenhanges zwischen Bergbau und Entschädigung, wo die Gerichte nach Ansicht der Grundbesitzer zu strenge, nach Ansicht der Bergwerksbesitzer zu milde Anforderungen stellen; hier dürften im wesentlichen aber beide Parteien im Unrecht sein, und die Rechtsprechung die richtige Mitte zwischen den entgegengesetzten Interessen treffen; etwaige Fehler liegen hier mehr an unzutreffenden Gutachten der Sachverständigen als an einer unrichtigen Rechtsauffassung der Gerichte.

Anders liegt es dagegen bei der Frage nach der Höhe der Entschädigung; hier sind zwar die Interessen der Parteien ebenfalls entgegengesetzt, da der Grundbesitzer möglichst viel erhalten, der Bergwerksbesitzer möglichst wenig zahlen möchte; aber die Anstände, welche die Parteien gegen die Rechtsprechung erheben, stehen hier einander nicht so schroff gegenüber. Es seien hier nur zwei wichtige Beispiele erwähnt: Der Grundstücksbesitzer ist der Auffassung, daß ihm nicht jeder Schaden, den er tatsächlich erleidet, ersetzt wird, weil die Rechtsprechung ihm den mittelbaren Schaden nicht in ausreichendem Maße zubilligt; der Bergwerksbesitzer dagegen ist der Ansicht, daß er Werte ersetzen muß, die er selbst geschaffen hat; denn nicht infolge der geistigen Tätigkeit des Grundstücksbesitzers, der sein Grundstück zufällig in der Nähe eines Bergwerkes hat, sondern durch die Tätigkeit des Bergwerksbesitzers, der sein Bergwerk zur Blüte gebracht und damit die ganze Gegend gehoben hat, ist das Grundstück wertvoll, baureif etc. geworden; soll der Bergwerksbesitzer, der alle diese Werte geschaffen hat, sie noch dem Grundstücksbesitzer, dem sie zufällig in den Schoß gefallen sind und der sie ebenso zufällig verloren hat, wieder ersetzen müssen?

Diese Fragen beantworten sich gewiß nicht ohne weiteres zu gunsten der Interessenten, aber sie lassen sich ebensowenig mit dem Bemerken abtun, daß die Rechtsprechung bisher ständig die Interessen ausgeglichen habe und daß sie keine Veranlassung habe, von den bisher als richtig erkannten Grundsätzen abzugehen. Im Gegenteil, das Mißvergnügen der Interessenten muß für Rechtsprechung und Wissenschaft ein Anlaß sein, von neuem in eine Prüfung der Rechtsgrundlagen des Bergschadenanspruches einzutreten.

Diese Nachprüfung wird naturgemäß niemals dazu führen, alles, was seit Generationen über diesen Anspruch als Rechtens angenommen wurde, zu verwerfen, wohl kann sie aber zu dem Ergebnisse führen, daß die bisherigen Grundsätze infolge der erhöhten Anforderungen der letzten Jahre ausgebaut und verfeinert werden müssen.

Wenn die Aufgabe dieser Darstellung hiernach nur auf einen Ausbau der für die Entschädigung des Grundstücksbesitzers maßgebenden Regeln hinwirken will, so ist damit schon gesagt, daß die alten bewährten Quellen nicht verlassen werden sollen: Westhoffs standard work „Bergbau und Grundbesitz" bildet auch die Grundlage für vorliegende Abhandlung. Während aber Westhoff noch die Höhe und Art der Entschädigung des Grundstücksbesitzers im Rahmen seines umfassenderen Werkes in verhältnismäßiger Kürze darstellen konnte, scheint jetzt die Zeit gekommen, diese wichtige Frage in einer eingehenden Einzeldarstellung zu behandeln.

Eine Schwierigkeit besteht freilich, und der in der rheinisch-westfälischen Bergschadenpraxis geschulte Verfasser dieser Abhandlung unterschätzt sie keineswegs: allen Beteiligten, Grundstücks- und Bergwerksbesitzer, Anwälten und Gericht, ist eine Verfeinerung der Rechtsgrundsätze, die an das Vorbringen beider Parteien wie an die Entscheidung des

Gerichts unverhältnismäßig höhere Anforderungen stellt, wenig bequem; häufig will man (und zwar ist dies kaufmännisch durchaus gerechtfertigt) lieber eine etwas geringere Summe erhalten oder eine etwas höhere Summe zahlen, wenn man dadurch nicht so sehr unter dem mit jedem Prozesse verbundenen Zeit- und Geldaufwand zu leiden hat. Wenn der Verfasser trotz dieses schwerwiegenden Bedenkens sich nach reiflicher Ueberlegung zur Anfertigung dieser Abhandlung entschlossen hat, so bestimmte ihn die Erwägung, daß nicht so sehr diejenigen Streitigkeiten eine sachgemäße Entscheidung verlangen, die für die Parteien nur Gegenstand der kaufmännischen Berechnung sind, als vielmehr diejenigen, bei denen das Rechtsgefühl der Parteien einander gegenübersteht; denn gerade aus verletztem Rechtsgefühl, nicht aus zu geringer oder zu reichlicher Entschädigung ist die teilweise vorhandene Erbitterung zwischen Bergwerks- und Grundstücksbesitzern entstanden. Und solange die Rechtswissenschaft ihre vornehmste Aufgabe darin sieht, die Streitigkeiten zwischen den Parteien nicht nur äußerlich zu beseitigen, sondern die Parteien durch eine gerechte Entscheidung von der Unhaltbarkeit ihres abweichenden Standpunktes zu überzeugen und sie dadurch einander anzunähern, so lange werden alle an der Rechtsfindung Beteiligten ohne Rücksicht auf Kosten und Unbequemlichkeiten die richtige Entscheidung zu ermitteln suchen. Hierzu kommt ein Weiteres: haben sich alle Beteiligten nach einer Uebergangszeit an die verfeinerte Methode der Schadensermittlung gewöhnt, so wird sie ihnen so einfach und selbstverständlich erscheinen wie heute die jetzt herrschende.

Endlich sucht vorstehende Abhandlung auch einer anderen, rein äußeren Schwierigkeit zu begegnen: sie will gleichzeitig der wissenschaftlichen Forschung und dem praktischen Gebrauche seitens nicht juristisch geschulter Interessenten dienen. Zu diesem Zwecke ist der Stoff gegliedert in einen systematischen, die Rechtsfragen behandelnden Teil und einen praktischen Teil, der die am häufigsten in der Praxis vorkommenden Fälle bespricht. Bei dieser Anordnung ließen sich Wiederholungen und Verweisungen nicht vermeiden, ja letztere schienen sogar im Interesse des Nichtjuristen zweckmäßig, der bei der Erörterung des ihn berührenden praktischen Falles dadurch zugleich auf den der Entscheidung zugrunde liegenden Rechtsgedanken hingewiesen wird. Uebrigens werden sich auch Nichtjuristen, die sich häufig mit Bergschadensansprüchen befassen, ohne allzu große Schwierigkeit in den Gedankengang des systematischen Teils hineinarbeiten können. Der prozeßrechtliche Teil ist nicht nur für Juristen, sondern vor allem auch für Nichtjuristen bestimmt.

§ 2. Kausalzusammenhang; Mitwirkung fremden Verschuldens.

I. Der Grundstücksbesitzer hat einen Anspruch gegen den Bergwerksbesitzer nur dann, wenn der Schaden durch den Bergbau verursacht ist. Der Grundsatz erscheint selbstverständlich, seine Anwendung bietet aber oft große Schwierigkeiten und veranlaßt wohl die meisten Prozesse auf diesem Gebiete. Denn die geognostische Wissenschaft ist noch nicht in der Lage, stets mit Bestimmtheit die Einwirkungen des Bergbaues festzustellen, sowohl der Art wie dem Umfange nach. Infolgedessen wird der Kausalzusammenhang zwischen Bergbau und Schaden selten durch logisch zwingende Beweisführung, meistens vielmehr durch Zusammenstellung von Erfahrungssätzen erfolgen, die in ihrer Gesamtheit den Schluß zulassen, daß ein Kausalzusammenhang besteht. Hierdurch wird dem Ermessen des Sachverständigen, dem die Begutachtung der Erfahrungstatsachen fast immer überlassen bleibt und dem dann das Gericht fast ausnahmslos bei seiner Entscheidung folgt, zwar ein weiterer Spielraum eingeräumt, andererseits bietet diese freie Art der Beweiswürdigung aber die denkbar beste Gewähr für eine richtige Entscheidung. Mit Recht haben deshalb Theorie und Praxis [1]) übereinstimmend angenommen, daß der Kausalzusammenhang schon bewiesen ist, wenn die Erfahrungstatsachen nach menschlicher Wahrscheinlichkeit den Schluß zulassen, daß der Schaden auf dem Bergbau beruht.

1) z. B. RG. in der Zeitschrift für Bergrecht, Bd. 42 S. 488.

Ob im einzelnen Falle derartige Erfahrungstatsachen vorliegen, ist eine rein technische Frage, die von dem technischen Sachverständigen beurteilt wird. Da vorstehende Abhandlung eine rein juristische sein soll, so soll diese oft sehr zweifelhafte Frage hier nicht erörtert werden. Es wird nur an entsprechender Stelle von den wichtigsten für den Kausalzusammenhang maßgebenden Grundsätzen und im prozeßrechtlichen Teile von dem Institute und der Auswahl der Sachverständigen, die ja für die Entscheidung des Rechtsstreits von der größten Bedeutung sind, zu sprechen sein.

II. Die für jeden Kausalzusammenhang geltenden Grundsätze, z. B. über seine Unterbrechung, finden auch für den Zusammenhang zwischen Bergbau und Schaden Anwendung. Die Streitfragen, die sich an diese Grundsätze anknüpfen, haben für den Bergbauschaden keine große praktische Bedeutung und sollen hier nicht erörtert werden; es wird vielmehr diesbezüglich auf die sehr umfangreiche Spezialliteratur verwiesen.

A. Zu erwähnen ist hier nur noch der Fall, daß der Schaden sowohl auf den Bergbau als auch auf andere Ursachen zurückzuführen ist. Sind diese anderen Ursachen infolge eines Zufalls eingetreten, so befreien sie den Bergwerksbesitzer nicht von dem Ersatze des gesamten Schadens, auch wenn die anderen Ursachen von erheblicherer Bedeutung als der Bergbau sind; nur dann, wenn der Zusammenhang zwischen Bergbau und Schaden so entfernt ist, daß man ihn nicht mehr als einen rechtlichen ansehen kann, oder wenn die anderen Ursachen den Kausalzusammenhang zwischen Bergbau und Schaden unterbrechen, ist ein Anspruch nicht gegeben. Läßt sich ein bestimmter Teil des Schadens auf den Bergbau und der Rest auf andere Ursachen zurückführen, so liegt natürlich ein Kausalzusammenhang nur bezüglich des ersten Teiles vor.

B. Von Bedeutung ist es dagegen, wenn die anderen, den Schaden mitverursachenden Umstände auf ein Verschulden des Grundstücksbesitzers oder eines Dritten zurückzuführen sind; praktisch liegt der Fall hier meist so, daß der Gegenstand schon vor der Beschädigung durch den Bergbau Mängel aufwies, die auf ein Verschulden zurückzuführen waren. Beruhen die den Schaden mitverursachenden Umstände auf einem Verschulden des Grundstücksbesitzers, z. B. wenn ein Haus infolge mangelhafter Unterhaltung baufällig geworden ist, so kann der Bergwerksbesitzer wegen des konkurrierenden Verschuldens (§ 254 BGB.) verlangen, daß er zur Herstellung nur insoweit anteilmäßig verurteilt wird, als die Schäden auf den Bergbau zurückzuführen sind; hat ein Dritter die früheren Mängel verschuldet, so kann der Bergwerksbesitzer fordern, daß er die Herstellung nur gegen Abtretung der Ersatzansprüche des Grundstücksbesitzers gegen den Dritten vorzunehmen braucht (§ 255 BGB.). Sache des Bergwerksbesitzers ist es dann, in einem späteren Prozesse von dem Dritten vollen oder teilweisen Ersatz der Herstellungskosten zu verlangen [1]).

Ein konkurrierendes Verschulden des Grundstücksbesitzers liegt auch dann vor, wenn zwar ein Dritter die Sache beschädigt hat, der Grundstücksbesitzer es aber schuldhaft unterlassen hat, den Schaden abzuwenden. Dies kann z. B. dann vorliegen, wenn der Grundstücksbesitzer einen offensichtlich ungeeigneten Verwalter annimmt, der nichts zur Unterhaltung des Grundstücks tut. Ein derartiges konkurrierendes Verschulden des Grundstücksbesitzers ist selbstständiger Natur, es ist keine Haftung für Verschulden des Verwalters aus § 278 oder § 831 BGB.

Eine gewisse praktische Bedeutung hat die Bestimmung des § 254 Abs. 2 BGB., wonach konkurrierendes Verschulden auch dann vorliegt, wenn der Grundstücksbesitzer es unterlassen hat, den Bergwerksbesitzer auf die Gefahr eines ungewöhnlichen Schadens aufmerksam zu machen, den letzterer weder kannte noch kennen mußte, oder es unterlassen hat, den Schaden abzuwenden oder zu mindern. Nach dieser

1) Ist der Dritte ein anderer Bergwerksbesitzer d. h. haben beide Bergwerksbesitzer den Schaden gemeinsam verursacht, so haften sie als Gesamtschuldner (§ 149 ABG.). Ueber die Verteilung der Entschädigung im Innenverhältnisse vgl. Kampmann, Ueber die Festsetzung des Anteilsverhältnisses an gemeinsamen Bergschäden benachbarter Zechen, im „Glückauf“, Jahrg. 1904, S. 959 ff.

Vorschrift, deren Aehnlichkeit mit der Anzeigepflicht aus § 150 ABG. nicht zu verkennen ist, darf der Grundstücksbesitzer nicht warten, bis ihm ein größerer Schaden erwachsen ist, sondern er muß je nach Lage des Falles entweder den Bergwerksbesitzer von der Gefahr benachrichtigen oder seinerseits die erforderlichen Anstalten treffen. Auch dann, wenn die Versäumnis nicht den Grundstücksbesitzer selbst, sondern seinen Verwalter oder sonstigen Vertreter, dessen er sich zur Erhaltuug des Grundstückes bedient, zur Last fällt, liegt konkurrierendes Verschulden des Grundstücksbesitzers vor, da § 254 Abs. 2 BGB. auf § 278 BGB. verweist und die Anzeige- bzw. Beseitigungspflicht des Grundstücksbesitzers eine Verbindlichkeit gegenüber dem Bergwerksbesitzer darstellt. Dagegen liegt kein konkurrierendes Verschulden vor, wenn die Unterlassung einem Mieter oder Pächter des Grundstücksbesitzers zur Last fällt; denn Mieter und Pächter handeln aus eigenem Rechte, der Grundstücksbesitzer bedient sich ihrer nicht zur Erfüllung von Verbindlichkeiten. — Die praktische Bedeutung des § 254 Abs. 2 BGB. für Bergbauschäden, die sonst nicht gering wäre, wird dadurch stark abgeschwächt, daß sich künftige Schäden schwer berechnen lassen, insbesondere nicht von den Grundstücksbesitzern, welche meist weder über die gegenwärtigen und künftigen Abbauverhältnisse des Bergwerkes unterrichtet sind noch die zur Berechnung künftiger Schäden erforderlichen geologischen Kenntnisse besitzen.

Ein Verschulden des Rechtsvorgängers des Grundstücksbesitzers wird letzterem nicht zugerechnet, es kommen also die oben angeführten Grundsätze über das Verschulden eines Dritten, nicht die über das konkurrierende Verschulden des Grundstücksbesitzers zur Anwendung.

§ 3. Herstellung und Schadensersatz.

I. Soweit der Schaden auf Bergbau zurückzuführen ist, kann der Grundstücksbesitzer entweder Herstellung oder Schadensersatz[1]) verlangen. Dies ist nicht identisch mit

1) Das Wort „Schadensersatz" wird durchgängig im Gegensatze zu „Herstellung" gebraucht. Die Verwendung des Wortes „Schadensersatz" als Ober-

den Ansprüchen auf Naturalherstellung und Zahlung eines Geldbetrages; denn einen Geldbetrag kann der Grundstücksbesitzer gemäß § 249 Satz 2 BGB. auch statt der Herstellung verlangen; dieser Geldbetrag dient aber nicht wie jeder Schadensersatz zur Abgeltung des entstandenen Schadens, sondern zur Herstellung des beschädigten Grundstückes; er gilt daher als Herstellung, nicht als Schadensersatz. Der zur Herstellung der beschädigten Sache und der zum Ersatz des Schadens gegebene Geldbetrag sind der Art der Berechnung wie der Höhe nach durchaus verschieden von einander.

II. Der Grundstücksbesitzer kann grundsätzlich nur Herstellung des beschädigten Grundstückes verlangen (§ 249 BGB.). Ausnahmsweise kann er aber Schadensersatz in folgenden drei Fällen fordern:

1) wenn der Bergwerksbesitzer trotz Aufforderung innerhalb einer angemessenen Frist den Schaden nicht beseitigt hat; die Frist muß der Grundstücksbesitzer setzen mit der Erklärung, daß er die Herstellung nach dem Ablaufe der Frist ablehne (§ 250 BGB.);

2) soweit die Herstellung nicht möglich ist (§ 251 Abs. 1 Fall 1);

3) soweit sie zur Entschädigung des Grundstücksbesitzers nicht genügend ist (§ 251 Abs. 1 Fall 2);

4) in einem weiteren Falle hat der Bergwerksbesitzer das Recht, seine Verpflichtung durch Geldentschädigung zu erfüllen, wenn die Herstellung des beschädigten Grundstückes nur mit unverhältnismäßigen Aufwendungen möglich ist (§ 251 Abs. 2 BGB.).

Diese vier Fälle sind so weitgreifende Ausnahmen, daß sie die Regel erheblich abschwächen; tatsächlich dürften die Fälle, in denen Schadensersatz zu leisten ist, zahlreicher als diejenigen sein, in denen der Anspruch auf Herstellung gerichtet ist.

---

begriff in § 249 BGB. ist mit der Grundbedeutung des Wortes nicht vereinbar; denn Herstellung ist kein Ersatz. Statt „Schadensersatz" hätte das Gesetz das Wort „Entschädigung" verwenden sollen.

III. A. Der erste Fall des Schadensersatzes, der des § 250 BGB., ist der einfachste; der Grundstücksbesitzer kann dem Bergwerksbesitzer jederzeit die Frist setzen; die Frist ist fruchtlos verstrichen, und der Anspruch auf Schadensersatz gegeben, wenn der Bergwerksbesitzer auch nur teilweise die Herstellung unterlassen hat; denn eine Teilleistung braucht der Grundstücksbesitzer nicht anzunehmen (§ 266 BGB.), er kann also nach Ablauf der Frist die Abnahme der teilweisen Herstellung verweigern und Schadensersatz verlangen. Doch wird er in besonders gearteten Fällen, in denen der Bergwerksbesitzer bereits im wesentlichen seine Verpflichtung zur Herstellung erfüllt hat, nicht die Herstellung wegen geringfügiger Anstände ablehnen dürfen, sondern in die Nachbesserung willigen müssen [1]). Andererseits wird es in solchen Fällen, in denen der Bergwerksbesitzer von vornherein bestimmt und unzweideutig die Herstellung verweigert, einer Fristsetzung gar nicht mehr bedürfen, sondern der Grundstücksbesitzer wird sofort Schadensersatz verlangen dürfen [2]). Dies ist praktisch sehr wichtig, da die zur Beseitigung von Bergbauschäden erforderlichen Reparaturen gewöhnlich längere Zeit erfordern, der Grundstücksbesitzer hier also eine geräumige Frist für die Geltendmachung seines Schadensersatzanspruches erspart. — Durch diese Vorschrift ist der Grundstücksbesitzer in den Stand gesetzt, in allen denjenigen Fällen, in denen der Bergwerksbesitzer auf gütlichem Wege die Herstellung des beschädigten Gegenstandes ganz oder teilweise verweigert, statt der Herstellung Leistung von Schadensersatz zu verlangen; ob er von diesem Wahlrecht Gebrauch macht, hängt von der Gestaltung des einzelnen Falles ab; dies wird unten näher zu erörtern sein. Bis jetzt hat der Grundstücksbesitzer nur höchst selten von dieser Befugnis Gebrauch gemacht. Dies hat folgenden Grund: Der Grundstücksbesitzer hat nur dann ein Interesse, Schadensersatz statt Herstellung zu verlangen, wenn der Schadensersatzanspruch nennenswert höher ist als die Forderung auf

1) Vgl. RG. in Zivilsachen, Bd. 61 S. 93.
2) Vgl. RG. in Zivilsachen, Bd. 61 S. 87.

Herstellung; ist aber eine Herstellung möglich, so wird der Anspruch auf Schadensersatz nach oben hin begrenzt durch die Kosten, die zur Herstellung erforderlich sind. Es wird also im Falle des § 250 BGB. der Schadensersatzanspruch nicht oder nicht wesentlich über den Herstellungsanspruch hinausgehen; es fehlt mithin an einem Interesse des Grundstücksbesitzers, von seiner Befugnis aus § 250 BGB. Gebrauch zu machen. Ein derartiges Interesse besteht nur in einem bisher noch wenig beachteten Falle: Ist die Herstellung nur zum Teil möglich, während der Grundstücksbesitzer im übrigen auf seinen Schadensersatzanspruch aus § 251 Abs. 1 Fall 1 BGB. angewiesen ist, so wird es oft für ihn vorteilhafter sein, die doppelte Art der Entschädigung zu vermeiden und in voller Höhe Schadensersatz zu fordern; dies kann er aber nur auf Grund seiner Befugnis aus § 250 BGB. tun[1]).

B. 1. Der zweite Fall, wonach der Grundstücksbesitzer Schadensersatz verlangen kann, soweit die Herstellung nicht möglich ist, scheint auf den ersten Blick für den Bergbau nur geringe Bedeutung zu haben. Die durch den Bergbau hervorgerufenen Schäden lassen sich fast stets durch Herstellung der beschädigten Sache beseitigen. Selbstverständlich und unbestritten ist, daß unter Herstellung nicht die Zurückführung der beschädigten Sache in denselben physischen Zustand zu verstehen ist, daß man nicht bei Wasserentziehungen das Wasser des früheren Springes zurückzuführen, bei Bodensenkungen nicht von dem die Senkung verursachenden Orte ab den Erdboden zu heben braucht; es genügt vielmehr, wenn man die Sache in denselben wirtschaftlichen Zustand zurückversetzt, den sie früher gehabt hat. Es genügt in den oben erwähnten Fällen, daß Wasser, das nicht

---

1) Unzutreffend ist die Auffassung von Schollmeyer (S. 29), Westhoff (Bd. 1 S. 143) und Klostermann (S. 415), welche die Anwendung des § 250 BGB. überhaupt verneinen, weil der Grundstücksbesitzer schon aus § 249 Satz 2 BGB. weitergehende Rechte habe. Diese Schriftsteller übersehen, daß der Anspruch auf Ersatz der Herstellungskosten aus § 249 Satz 2 BGB. durchaus verschieden von dem Schadensersatzanspruch aus § 250 BGB. ist. Zutreffend RG. in Zivilsachen, Bd. 71 S. 214.

schlechter ist als das frühere, insbesondere also Leitungswasser, dem Grundstücke zugeführt wird, daß das gesunkene Grundstück durch Auftragen geeigneten Mutterbodens wieder gehoben wird. Hiernach ist eine Herstellung bei den wichtigsten Fällen der Bergbauschäden, bei Bodensenkungen, der Entziehung und Zuführung von Wasser, stets möglich, abgesehen vielleicht von besonders gearteten Ausnahmefällen. Auch bei der Beschädigung eines Gebäudes ist eine Herstellung fast immer möglich.

2. Hierbei ist aber folgendes zu beachten, was in der Praxis meist berücksichtigt wird, in der Wissenschaft aber fast niemals zum Ausdruck gelangt: Der Begriff der Herstellung erschöpft sich nicht in der Zurückversetzung der beschädigten Sache in denselben wirtschaftlichen Zustand, sondern er verlangt auch, daß diese Zurückversetzung auf dem wirtschaftlich normalen Wege erfolgt. Diese Einschränkung ergibt sich daraus, daß die gesamte Lehre vom Schadensersatz entstanden ist aus der Abwägung der kollidierenden Interessen des Gläubigers und Schuldners, des Grundstücks- und Bergwerksbesitzers. An einer Herstellung auf wirtschaftlich anormalem Wege hat nun der Grundstücksbesitzer kein Interesse, der Bergwerksbesitzer dagegen würde durch sie ungerechtfertigt beschwert werden; sein Wahlrecht aus § 251 Abs. 2 BGB. bietet ihm keinen genügenden Schutz, da er auf Grund dieser Vorschrift den Anspruch nur in eine Schadensersatzforderung, nicht aber in eine Forderung auf Herstellung auf wirtschaftlich normalem Wege umwandeln kann.

Andererseits wird bei dieser Auffassung die Vorschrift des § 251 Abs. 2 BGB. keineswegs überflüssig: sie gewährt vielmehr dem Bergwerksbesitzer das Wahlrecht in dem Falle, daß auch eine auf wirtschaftlich normalem Wege erfolgende Herstellung unverhältnismäßige Kosten verursachen würde.

Es hat sich nun bei Verfeinerung des Rechtsverkehrs herausgestellt, daß die auf wirtschaftlich normalem Wege erfolgende Herstellung häufig nicht vollkommen, sondern nur annähernd denselben wirtschaftlichen Zustand herbeiführt;

dies liegt z. B. vor, wenn das Leitungswasser sich nicht in demselben Maße zum Tränken des Viehs, zum Bleichen der Wäsche eignet wie der früher vorhandene Spring; der weitaus wichtigste Fall ist aber, daß ein repariertes Gebäude nicht denselben Nutzungs- und Verkaufswert hat wie ein unbeschädigtes. Soll nun in derartigen Fällen der wirtschaftlich normale Weg nicht beschritten werden dürfen, weil dadurch keine „Herstellung", keine Zurückführung in den alten Zustand herbeigeführt werden kann? Dem Buchstaben des Gesetzes mag dies entsprechen, aber nicht nur die Entstehungsgeschichte dieser Frage nötigt zu ihrer Verneinung, sondern auch die Interessenwägung; denn sowohl Grundstücks- wie Bergwerksbesitzer haben gewöhnlich ein Interesse daran, daß durch Beseitigung der Schäden auf dem wirtschaftlich normalen Wege eine, wenn auch nur annähernde, Herstellung erfolgt. Der Grundstücksbesitzer ist meist mit der Reparatur seines Gebäudes zufrieden; wenn er statt dessen Schadensersatz oder Errichtung eines neuen Gebäudes vorzieht, so geschieht es weniger, um für die Bergbauschäden entschädigt zu werden, als vielmehr um darüber hinaus auf Kosten des Bergwerksbesitzers einen Vorteil zu erzielen; ein derartiges Interesse des Grundstücksbesitzers würde nicht mehr ein berechtigtes sein. Der Bergwerksbesitzer vollends will natürlich nicht statt einer möglicherweise geringfügigen Reparatur dem Grundstücksbesitzer ein neues Gebäude errichten oder ihm Schadensersatz in Geld leisten. Aus diesen Gründen gelangt man zu dem Ergebnisse: Als Befriedigung gilt die Herstellung auf dem wirtschaftlich normalen Wege auch dann, wenn sie nur annähernd denselben wirtschaftlichen Zustand wie den früheren herbeiführt[1]); keine der beiden Parteien kann einseitig eine andere Art der Befriedigung, sei es durch Herstellung auf wirtschaftlich unzweckmäßige Weise, sei es durch Schadensersatz, verlangen.

Da in derartigen Fällen keine vollkommene, sondern nur eine annähernde Herstellung möglich ist, so muß hier im

1) So mit Recht RG. in Zivilsachen, Bd. 76 S. 146, und in der Zeitschrift für Bergrecht, Bd. 53 S. 230; Westhoff Bd. 1 S. 139; Klostermann S. 415.

übrigen der Bergwerksbesitzer dem Grundstücksbesitzer Schadensersatz leisten. Insbesondere muß er den Minderwert vergüten, den ein Gebäude nach erfolgter Reparatur gegenüber dem früheren Zustande gehabt hat. Die Entschädigung für den Minderwert kann zugleich mit der Herstellung verlangt, sie kann aber auch später begehrt werden; hat der Grundstücksbesitzer, der zunächst Herstellung verlangt, schon zu dieser Zeit gewußt, daß das Gebäude noch nach der Reparatur einen Minderwert behalten wird, so hat er diesen Anspruch auf Ersatz des Minderwertes gekannt, was für die Verjährung nach § 151 ABG. von Bedeutung ist.

3. Auch eine andere Frage spielt bei der Möglichkeit der Herstellung eine erhebliche Rolle, und zwar eine Frage, die sich aus der Natur des Bergbaus ergibt. Gilt die Herstellung dann als möglich, wenn zu erwarten ist, daß die Schäden in Zukunft von neuem auftreten werden? Hier wird es darauf ankommen, ob künftige Schäden von dem früheren oder bis zur letzten mündlichen Verhandlung erfolgten Abbau zu erwarten sind oder erst von künftigem Abbau, den der Bergwerksbesitzer möglicherweise oder mit Sicherheit vornehmen wird; im ersten Falle ist das Gebirge infolge des bereits erfolgten Abbaus in Bewegung geraten und noch nicht zur Ruhe gekommen, eine Verhinderung der mit Naturnotwendigkeit eintretenden Senkungen ist daher unmöglich, und eine zeitweilige Herstellung des alten Zustandes wäre keine „Herstellung" im Sinne des Gesetzes, da der alte wirtschaftliche Zustand, den der Bergwerksbesitzer herstellen muß, auch ein solcher von nicht vorübergehender Dauer sein muß[1]); in diesem Falle liegt daher Unmöglichkeit der Herstellung vor, und der Grundstücksbesitzer kann und muß von dem Bergwerksbesitzer Schadensersatz fordern. In dem anderen Falle dagegen kann sich weder der Grundstücksbesitzer darauf berufen, daß der Bergwerksbesitzer einen neue Bergschäden hervorrufenden Abbau vornehmen werde, noch der Bergwerksbesitzer, daß er einen derartigen Ab-

---

1) Vgl. RG. in der Zeitschrift für Bergrecht, Bd. 41 S. 490 und die dort zitierten älteren Entscheidungen; Klostermann S. 415.

bau unternehmen müsse. Theoretisch betrachtet, würde es also der Bergwerksbesitzer in der Hand haben, vor der letzten mündlichen Verhandlung noch den Abbau so weit fortzuführen, daß die Herstellung unmöglich wird, und dadurch den Grundstücksbesitzer von dem Herstellungs- auf den Schadensersatzanspruch zu verweisen; diese Möglichkeit wird aber in Wirklichkeit nicht eintreten: denn erstens stehen für den Bergwerksbesitzer bei der Abbaumethode viel wichtigere wirtschaftliche Interessen als der Ersatz von Bergschäden auf dem Spiele, zweitens läßt sich die Frage, bei welchem Grade des Abbaus eine Herstellung noch möglich sei, gar nicht vorher bestimmen, und drittens endlich hat der Bergwerksbesitzer, abgesehen von dem Falle des § 251 Abs. 2 BGB., gar kein Interesse, statt der Herstellung Schadensersatz zu leisten. Jedenfalls vermag der Grundstücksbesitzer nicht den Bergwerksbesitzer daran zu hindern, den Abbau noch so weit fortzuführen, daß eine Herstellung nicht mehr möglich ist; denn der Abbau ist eine erlaubte Handlung und verpflichtet den Bergwerksbesitzer nur zum Schadensersatz.

Wir kommen also zu dem Ergebnisse: Die Herstellung des durch Bergbau beschädigten Grundstückes ist insoweit unmöglich, als zu erwarten ist, daß die Schäden infolge bereits erfolgten Abbaus wieder auftreten werden; insoweit kann der Grundstücksbesitzer nur Schadensersatz verlangen.

C. Der dritte Fall, daß die Herstellung zur Entschädigung des Grundstücksbesitzers nicht ausreichend ist, kommt praktisch wohl am häufigsten vor; die Herstellung reicht in allen Fällen insoweit nicht aus, als sie erst geraume Zeit nach der Beschädigung erfolgen kann. Für die Zwischenzeit muß der Bergwerksbesitzer dem Grundstücksbesitzer Schadensersatz leisten. Auch durch die Herstellungsarbeiten selbst kann infolge Unbequemlichkeiten, Unbenutzbarkeit von Räumen etc. dem Grundstücksbesitzer ein Schaden entstehen, der ebenfalls zu ersetzen ist. Die Art des Schadens, der natürlich sehr verschiedenartig sein kann, wird noch eingehend zu erörtern sein.

D. Der vierte Fall, daß der Bergwerksbesitzer Entschädigung in Geld entrichten darf, wenn die Herstellung nur mit unverhältnismäßigen Aufwendungen möglich ist [1]), findet im Bergrecht eine praktisch sehr wichtige Anwendung in dem Falle, daß weitere Beschädigungen zu erwarten sind. Wie schon oben dargelegt, ist eine „Herstellung" überhaupt nicht möglich, der Grundstücksbesitzer daher auf seinen Schadensersatzanspruch beschränkt, wenn neue Beschädigungen aus dem bereits erfolgten Abbau zu erwarten sind; dagegen findet diese Bestimmung keine Anwendung, wenn auch der Abbau noch nicht erfolgt ist. Hier greift vielmehr das Wahlrecht des Bergwerksbesitzers aus § 251 Abs. 2 BGB. ein; denn eine Herstellung ist hier zwar möglich, sie ist aber nur mit unverhältnismäßigen Aufwendungen möglich. Unverhältnismäßig sind allerdings hier die Aufwendungen nicht, wie dies gewöhnlich bei Anwendung dieser Vorschrift der Fall ist, zu dem entstandenen Schaden, sondern zu dem sich durch die etwaige Herstellung ergebenden Nutzen; dieser Nutzen ist deswegen gering, weil voraussichtlich aufs Neue Schäden eintreten werden. — Die Anwendung des § 251 Abs. 2 auf vorstehenden Fall erscheint statthaft, weil diese Vorschrift unwirtschaftliche Herstellungsarbeiten zu vermeiden bezweckt; unwirtschaftlich ist aber eine Herstellung nicht nur dann, wenn sie außer Verhältnis zu dem entstandenen Schaden ist, sondern auch dann, wenn sie außer Verhältnis zu dem zu erwartenden Nutzen ist.

Schließt man sich vorstehender Auffassung an, so ist es ganz gleichgültig, ob neue Schäden auf Grund bereits vorhandenen oder erst auf Grund bevorstehenden Abbaus zu erwarten sind; denn im ersten Fall ist der Grundstücksbesitzer ohne weiteres auf den Schadensersatzanspruch angewiesen, im zweiten Fall kann der Bergwerksbesitzer diesen Weg

---

1) Das Wahlrecht des Bergwerksbesitzers aus § 251 Abs. 2 BGB. besteht nur gegenüber dem Herstellungsanspruch aus § 249 BGB., nicht gegenüber dem Untersagungsanspruch aus § 1004 BGB. (vgl. RG. in Zivilsachen, Bd. 59 S. 408). Der Anspruch aus § 249 BGB. ist obligatorischer, der aus § 1004 BGB. dinglicher Natur.

wählen. Die meist sehr schwer zu beantwortende Tatfrage kann also ganz auf sich beruhen.

Bemerkt sei übrigens, daß dem Bergwerksbesitzer natürlich dann das Wahlrecht aus § 251 Abs. 2 BGB. nicht zusteht, wenn er sich durch Vertrag zur Herstellung verpflichtet hat.

IV. Das Verhältnis zwischen Herstellung und Schadensersatz ist folgendes: In zwei der vier erwähnten Fälle tritt der Schadensersatz an die Stelle der Herstellung, in den beiden anderen, nämlich den unter 2. und 3. erwähnten Fällen des § 251 Abs. 1, tritt er neben ihn; in den beiden ersten Fällen ist der Schadensersatzanspruch ein Ersatz des Anspruchs auf Herstellung, in den beiden letzten Fällen dient er dagegen nur zu seiner Ergänzung, was sich deutlich aus dem Worte „soweit" des § 251 Abs. 1 ergibt.

A. In den beiden Fällen, in denen der Grundstücksbesitzer Schadensersatz nur als Ergänzung des Herstellungsanspruches begehren kann, steht ihm überhaupt kein Wahlrecht zwischen beiden Ansprüchen zu; er kann nicht für denjenigen Teil seiner Forderung, hinsichtlich dessen Herstellung möglich oder zu seiner Befriedigung ausreichend sein würde, Schadensersatz verlangen etwa mit der Begründung, daß sich hierdurch die Berechnung im Interesse beider Parteien einfacher gestalten würde; hier muß vielmehr das Gericht auf Grund des § 139 ZPO. den Grundstücksbesitzer auf seine unrichtige Berechnung hinweisen und, wenn er trotzdem bei ihr verharrt, die Klage abweisen. Eine derartige Unrichtigkeit der Substantiierung müßte vom Gericht sogar von Amts wegen berücksichtigt werden, wenn sich aus dem Tatbestand ergibt, daß eine Herstellung möglich und zur Befriedigung des Grundstücksbesitzers ausreichend ist; denn es handelt sich nicht um Tatsachen, sondern um eine Anwendung von Rechtssätzen. Dagegen steht nichts im Wege, daß die Parteien vereinbaren, Schadensersatz solle statt Herstellung auch insofern geleistet werden, als diese möglich und zur Befriedigung des Grundstücksbesitzers ausreichend ist.

Es ist auch zu beachten, daß der Bergwerksbesitzer auf Grund der Behauptung, daß die Herstellung zur Entschädigung des Grundstücksbesitzers doch nicht genüge, daß dieser nach erfolgter Herstellung vielmehr mit Schadensersatzansprüchen hervortreten werde und dadurch ihm, dem Bergwerksbesitzer, unverhältnismäßige Aufwendungen verursachen werde, unter Umständen auf Grund des § 251 Abs. 2 BGB. verlangen kann, von vornherein Geldentschädigung zu leisten.

Der Grundstücksbesitzer kann andererseits auch nicht Herstellung verlangen, soweit ihm ein Anspruch auf Schadensersatz gegeben ist. Insoweit die Herstellung nicht möglich ist, kann sie auch nicht verlangt werden, ja das Gericht hat dies sogar von Amtswegen zu berücksichtigen. Der Schadensersatzanspruch, der gegeben ist, insoweit die Herstelluug zur Entschädigung des Grundstücksbesitzers nicht ausreicht, setzt die bereits erfolgte oder daneben erfolgende Herstellung voraus; eine nochmalige oder weitere Herstellung ist daher begrifflich unmöglich.

B. 1. In den beiden Fällen, in denen der Schadensersatzanspruch als Ersatz für die Forderung auf Herstellung dient, kann er wahlweise geltend gemacht werden[1]; das Wahlrecht steht im Falle des § 250 BGB. dem Grundstücksbesitzer, im Falle des § 251 Abs. 2 dem Bergwerksbesitzer zu. Im ersten Falle wird das Wahlrecht ausgeübt durch Fristsetzung unter der Erklärung, daß die Herstellung nach Ablauf der Frist abgelehnt wird, und fruchtlosen Fristablauf, im zweiten Falle durch einseitige empfangsbedürftige Willenserklärung des Bergwerksbesitzers. In beiden Fällen wird

1) Auf die Streitfrage, ob in dem Falle des § 251 Abs. 2 BGB. (übrigens auch in dem Falle des § 249 BGB.) eine facultas alternativa oder eine elektive Wahlschuld vorliegt, soll hier nicht eingegangen werden. Die Streitfrage hat für den Bergschaden keine Bedeutung: denn ein Untergang der beschädigten Sache, für welchen die Streitfrage von Bedeutung ist, kommt bei Grundstücken nicht vor. Für die Ausdehnung des Wahlrechts ist die Streitfrage unerheblich, da auch bei der elektiven Wahlschuld das Wahlrecht durch einseitige Erklärung des Berechtigten ausgeübt wird; in diesem Falle eine Annahmeerklärung des anderen Teils zu verlangen, wie dies die herrschende Meinung will, erscheint nicht angängig, weil der andere Teil überhaupt gar nicht berechtigt ist, die Annahme zu verweigern.

durch Ausübung des Wahlrechts der Anspruch auf Herstellung ausgeschlossen. Das Wahlrecht kann noch während der Rechtshängigkeit ausgeübt werden; die Ausübung kann auch noch in zweiter Instanz erfolgen, und zwar seitens des beklagten Bergwerksbesitzers unbedingt, seitens des klagenden Grundstücksbesitzers dagegen nur, wenn die gestellte Frist erst nach der letzten mündlichen Verhandlung erster Instanz abgelaufen ist; bei dem klagenden Grundstücksbesitzer muß diese Einschränkung gemacht werden, weil der Uebergang von Herstellung zum Schadensersatzanspruch eine (in zweiter Instanz ohne Zustimmung des Gegners unzulässige) Klageänderung ist, wenn er nicht erst infolge „einer später eingetretenen Veränderung" erforderlich ist (§ 267 Ziff. 3 in Verbindung mit § 529 Abs. 2 ZPO.)[1]. In jedem Falle muß das Wahlrecht schon während der Verhandlung über den Grund des Anspruchs geltend gemacht werden; denn die Frage, ob eine Forderung auf Herstellung oder auf Schadensersatz gerichtet ist, betrifft den Grund, nicht den Betrag des Anspruchs, auch wenn beide Forderungen auf Zahlung einer Geldsumme lauten.

2. Von großer Wichtigkeit und wohl zu beachten ist, daß das Wahlrecht hinsichtlich des ganzen Anspruchs nur einheitlich ausgeübt werden kann; es kann z. B. nicht wegen der Beschädigungen an dem einen Teile des Grundstückes eine Frist mit der entsprechenden Androhung gesetzt werden, wegen der Beschädigungen an dem anderen Teile aber nicht; ebensowenig kann der Bergwerksbesitzer geltend machen, daß die Herstellung nur zum Teil unverhältnismäßige Kosten erfordere. — Wenn nun aber auch eine verschiedenartige Ausübung des Wahlrechts bei demselben Anspruche nicht möglich ist, so ist doch andererseits eine derartige Teilung zulässig, sobald es sich um verschiedene Ansprüche handelt. Ob ein einheitlicher oder verschiedene Ansprüche vorliegen, ist nicht immer leicht zu beantworten; nicht entscheidend ist, daß die Beschädigungen durch dasselbe Er-

1) OLG. Cöln in der Zeitschrift für Bergrecht, Bd. 48 S. 400; RG. in der Zeitschrift für Bergrecht, Bd. 49 S. 465; Klostermann, S. 419.

eignis hervorgerufen sind; maßgebend ist vielmehr, ob die infolge desselben Ereignisses hervorgerufenen Ansprüche sich auch auf einen wirtschaftlich, nicht rechtlich einheitlichen Gegenstand beziehen; so kann das Wahlrecht z. B. hinsichtlich Hauptsache und Zubehör nur einheitlich ausgeübt werden, obgleich es sich um zwei rechtlich verschiedene Gegenstände handelt, dagegen ist eine verschiedenartige Ausübung des Wahlrechts möglich bei einem zusammenhängenden Landstreifen, von dem ein Teil bebaut ist oder Bauplatzqualität hat, der andere dagegen als Ackerland benutzt wird.

V. A. Die Befriedigung durch Herstellung und die durch Schadensersatz sind von sehr verschiedener Bedeutung durch die Art, wie sie auf später entstehende Bergbauschäden zur Anrechnung gelangen. Ist ein Grundstück oder Zubehör vom Bergwerksbesitzer wiederhergestellt und wird es dann von neuem von Bergschäden heimgesucht, so ist ein neuer Herstellungs- oder Entschädigungsanspruch gegeben ohne Rücksicht darauf, ob es sich um neue Einwirkungen des Bergbaus handelt oder um eine Fortsetzung des alten, auf Grund dessen bereits die Herstellung erfolgt war.

B. Demgegenüber vergütet der Bergwerksbesitzer bei Schadensersatzansprüchen den entstandenen Schaden; durch die Zahlung der Vergütung erlangt der Grundstücksbesitzer Ersatz dafür, daß sein Grundstück nicht mehr vollwertig ist. Werden nun neue Ansprüche geltend gemacht, so ist der neuen Schadensberechnung nicht der alte volle, sondern der infolge der früheren Beschädigung verminderte Wert zugrunde zu legen. Die Verminderung ist nicht nach der absoluten Höhe der vergüteten Summe zu berechnen, sondern nach dem vergüteten Bruchteil vom Gesamtwert; ist z. B. für ein Grundstück im Gesamtwert von 1000 M. ein Betrag von 250 M. vergütet und steigt der Wert, den das Grundstück in unbeschädigtem Zustand haben würde, auf 1200 M., so ist als neuer Wert, der einer späteren Schadensberechnung zugrunde zu legen ist, nicht 1200—250 = 950 M., sondern $^3/_4$ von 1200 M. = 900 M. anzunehmen. Dieser Unterschied in der Anrechnung von Herstellung und Schadensersatz auf spätere Bergbauschäden ist von größter praktischer Bedeutung.

VI. Alle genannten Verschiedenheiten zwischen Herstellungs- und Schadensersatzanspruch müssen sich Grundstücks- und Bergwerksbesitzer vor Augen halten, wenn sie ihr Wahlrecht aus § 250 bzw. § 251 Abs. 2 BGB ausüben. Zu berücksichtigen ist insbesondere, daß der Schadensersatzanspruch gewöhnlich erheblich höher ist als der Anspruch auf Herstellung. Ist daher der Schaden derartig beschaffen, daß weitere Schäden in Zukunft nicht zu befürchten sind, so wird der Grundstücksbesitzer den Schadensersatzanspruch bevorzugen, der Bergwerksbesitzer ihn vermeiden. Sind dagegen weitere Schäden unvermeidlich, so wird der Bergwerksbesitzer eine Herstellung ablehnen, mancher Grundstücksbesitzer dagegen eine Verpflichtung des Bergwerksbesitzers zur Herstellung zu erlangen suchen, um den Bergwerksbesitzer bei jeder Beschädigung zur Herstellung zu zwingen, um dann an ihn, wenn er der vielen Arbeiten müde ist, das Grundstück unter günstigen Bedingungen zu verkaufen. Der Grundstücksbesitzer wird auch dann den Schadensersatzanspruch, der ihm momentan mehr Geld bringt, wählen, wenn er in Geldverlegenheit ist; umgekehrt wird mancher Bergwergsbesitzer die Geldverlegenheit des Grundstücksbesitzers ausnutzen, um ihn billig abzufinden, dagegen, wenn er selbst in Geldverlegenheit ist, lieber den alten Zustand herstellen. — Einen Vorzug hat freilich der Herstellungs- vor dem Schadensersatzanspruch; bei ihm kann der Grundstücksbesitzer einen neuen Gegenstand statt des früheren abgenutzten verlangen, sofern die Ausbesserung des beschädigten Gegenstandes nicht zur Herstellung führen würde; bei der Berechnung des Schadensersatzes kann dagegen nur der derzeitige Wert des Gegenstandes in Ansatz gebracht werden.

§ 4. Die Herstellung.

I. Die Herstellung kann entweder in natura oder, da es sich bei Bergbauschäden stets um „Beschädigungen von Sachen" handelt, durch Zahlung des zur Herstellung erforderlichen Geldbetrages erfolgen. Zwischen beiden Ansprüchen hat der Grundstücksbesitzer die Wahl [1]). Die Ausübung des Wahlrechts erfolgt durch einseitige empfangsbedürftige Willenserklärung und zwar spätestens mit Erhebung der Klage, da der Klageantrag das Begehren des Klägers enthalten muß; die bereits ausgeübte Wahl kann vom Grundstücksbesitzer nicht einseitig abgeändert werden [2]).

II. A. Wird Herstellung in natura begehrt, so ist der Zustand herzustellen, der bestehen würde, wenn der zum Ersatz verpflichtende Umstand nicht eingetreten wäre. Die Wahl der zur Herstellung erforderlichen Mittel ist lediglich Sache des Bergwerksbesitzers; für die Berechnung des zur Herstellung erforderlichen Geldbetrages dagegen bilden die aufzuwendenden Mittel die Grundlage der Forderung und werden daher selbst Gegenstand des Streites. Kann nicht ein gleicher, sondern nur ein besserer Zustand hergestellt werden, z. B. weil das beschädigte Haus schon vorher baufällig war, so ist der bessere Zustand herzustellen, ohne daß der Bergwerksbesitzer hieraus einen Ersatzanspruch wegen ungerechtfertigter Bereicherung herleiten kann. Der Bergwerksbesitzer muß also, wenn der Schaden sich anders nicht beseitigen läßt, die Sache, die auch ohne Beschädigung durch den Bergbau mangelhaft sein würde, in eine mangelfreie verwandeln [3]) [4]).

---

1) Ueber die Rechtsnatur des Wahlrechts vgl. oben S. 30 Anm. 1.

2) OLG. Hamm in der Zeitschrift für Bergrecht, Bd. 40 S. 487.

3) Eine Ersatzpflicht besteht aber dann nicht, wenn die Verbesserung der beschädigten Sache gelegentlich der Reparatur nur aus Zweckmäßigkeitsgründen geschieht (RG. in der Zeitschrift für Bergrecht, Bd. 37 S. 348).

4) Der Bergwerksbesitzer kann auch nicht die durch die Verbesserung erzielten Vorteile zur Anrechnung bringen, wie es Oertmann (Vorteilsausgleichung, S. 237) und Fischer (Der Schaden nach dem BGB., S. 176, 203) wollen; der Grundstücksbesitzer kann nicht gezwungen werden, einen Vorteil zu bezahlen, den er gar nicht erhalten will; denn eine Vorteilsausgleichung ist dann ausgeschlossen, wenn sie zu baren Aufwendungen des Grundstücksbesitzers führen würde. Ein Recht des Bergwerksbesitzers, nicht übermäßige Kosten für die Herstellung auszugeben, kann also nur unter den Voraussetzungen des § 251 Abs. 2 BGB. geltend gemacht werden. Unter Umständen kann allerdings auch eine Einrede der Arglist gegeben sein (vgl. unten S. 82).

B. Zur Substantiierung des Anspruchs auf Naturherstellung ist zwar nicht erforderlich, daß angegeben wird, auf welchem Wege die Herstellung erfolgen soll (dies ist vielmehr Sache des Bergwerksbesitzers), wohl aber müssen die einzelnen zu beseitigenden Mängel genau angegeben werden. Dies gilt nicht nur vom Klageantrag, sondern auch vom Urteilstenor. Durchaus zu verwerfen ist die vielfach übliche Praxis, daß das Gericht den Bergwerksbesitzer verurteilt, den Schaden „gemäß dem Gutachten des Sachverständigen" zu beseitigen. Eine derartige Entscheidung bietet, zumal da die Gutachten dann noch häufig einige Punkte als zweifelhaft bezeichnen, nur zu Zweifeln bei der Zwangsvollstreckung Anlaß und verursacht häufig neue Prozesse. Bei derartigen Entscheidungen wird dann auch gewöhnlich vergessen, den klagenden Grundstücksbesitzer mit seiner Mehrforderung abzuweisen uud die Kosten entweder angemessen zu verteilen oder aber ausdrücklich von der Befugnis des § 92 Abs. 2 ZPO. Gebrauch zu machen; eine derartige Abweisung mit der Mehrforderung ist notwendig, wenn der Grundstücksbesitzer auch nur bezüglich untergeordneter Punkte mit seinem Herstellungsanspruche nicht durchdringt.

C. Einige Schwierigkeiten bereitet der Fall, daß der Herstellungsanspruch infolge konkurrierenden Verschuldens des Grundstücksbesitzers nur zu einem Bruchteil begründet ist [1]. Man kann nicht sagen, daß in diesem Fall der Anspruch in einen Schadensersatzanspruch umgewandelt werden muß, weil eine bruchteilsweise Herstellung nicht möglich ist. Zutreffend ist vielmehr, daß eine Herstellung wohl möglich ist und daß sich der Bergwerksbesitzer an ihr nur zu einem bestimmten Bruchteil zu beteiligen braucht. Klageantrag und Urteilstenor dürften daher dahin zu formulieren sein, daß sich der Bergwerksbesitzer bei der Herstellung der (einzeln aufzuführenden) Arbeiten zu dem (genau zu bezeichnenden) Bruchteil zu beteiligen hat. In diesem Falle braucht der Bergwerksbesitzer nur dann zu leisten, wenn

1) Ueber den Fall, daß die Naturalherstellung durch den Bergwerksbesitzer in anderer Weise erfolgt als diejenige sonstiger Entschädigungspflichtiger, vgl. RG. in Zivilsachen, Bd. 67 S. 273.

und solange der Grundstücksbesitzer gleichzeitig die zur Herstellung seines Anteiles erforderlichen Maßnahmen trifft, insbesondere die nötigen Mittel zur Verfügung stellt. Keine der Parteien ist verpflichtet oder berechtigt, sich der Hilfspersonen zu bedienen, die der andere Teil bei der Herstellung zuzieht; es bleibt ihr vielmehr vollkommen überlassen, in welcher Weise sie ihre Leistung bewirkt. Praktisch dürfte sich die Sache allerdings meist so gestalten, daß sich die Parteien über eine gemeinsame Herstellung einigen; in diesem Falle besteht zwischen ihnen eine Gesellschaft des bürgerlichen Rechts, anderenfalls finden auf ihre Rechtsbeziehungen die Grundsätze über die Gemeinschaft Anwendung.

Leistet der Bergwerksbesitzer den auf ihn entfallenden Anteil der Herstellungsarbeiten nicht, so kann der Grundstücksbesitzer die Vollstreckung vornehmen nach den Grundsätzen der Vollstreckung vertretbarer Handlungen, d. h. zunächst die Sache selbst herstellen und dann die Kosten vom Bergwerksbesitzer einziehen.

Wenn auch eine derartige anteilmäßige Herstellung nicht zweckmäßig ist, so kann doch deswegen keine der Parteien, nachdem einmal Naturalherstellung verlangt ist, einseitig den Anspruch in einen solchen auf Zahlung des zur Herstellung erforderlichen Geldbetrages oder gar auf Schadensersatz umwandeln. Dagegen steht nichts entgegen, daß die Parteien vereinbaren, das bereits ausgeübte Wahlrecht solle nicht in Betracht kommen und der Anspruch solle in anderer Weise geregelt werden. Eine derartige neue Vereinbarung ist im Prozesse so lange zu berücksichtigen, als überhaupt noch neue Tatsachen vorgetragen werden können, d. h. bis zur letzten mündlichen Verhandlung in der zweiten Instanz. Möglich ist eine derartige Vereinbarung natürlich auch noch nach diesem Zeitpunkte, doch hat sie dann nicht für die Entscheidung des Rechtsstreites, sondern nur für die Zwangsvollstreckung Bedeutung.

III. Verlangt der Grundstücksbesitzer statt der Herstellung den hierzu erforderlichen Geldbetrag, so hat ihm der Bergwerksbesitzer die Summe zu zahlen, die zur Beseitigung der entstandenen Schäden und zur dauernden Verhinderung weiterer Beschädigungen [1]) erforderlich ist. Auch hier kann der Bergwerksbesitzer nichts dafür in Abrechnung bringen, daß das Gebäude bei Verwendung des Betrages zur Herstellung wertvoller würde als vor der Beschädigung. Auch in diesem Falle kann also der Grundstücksbesitzer einen nicht ausgleichungspflichtigen Vorteil erlangen.

A. Zu zahlen ist der Betrag, der zur Beseitigung der Schäden erforderlich ist; maßgebend für die Höhe der zur Beseitigung erforderlichen Kosten ist die letzte mündliche Verhandlung [2]). Der Grundstücksbesitzer kann den Betrag verlangen, der normalerweise für die Herstellung erforderlich ist; der Bergwerksbesitzer kann sich nicht mit Erfolg darauf berufen, daß er selbst die Sache billiger herstellen könnte. Verwendet dagegen der Grundstücksbesitzer eigene Materialien zur Herstellung der Sache oder arbeitet er selbst an der Herstellung mit, so kann er hierfür Zahlung eines angemessenen Betrages verlangen.

B. Zweifelhaft ist, ob der Grundstücksbesitzer einen höheren Betrag als den normalen verlangen kann, z. B. er lebt mit dem einzigen in Betracht kommenden Handwerker, den es in dem betreffenden Orte gibt, in Feindschaft; auswärtige Handwerker würden wegen der größeren Entfernung ihrer Arbeitsstätten vom Grundstücke des Grundstücksbesitzers höhere Preise verlangen. In diesem, praktisch übrigens nicht allzu häufigen Falle dürfte dem Grundstücksbesitzer auch der höhere Preis zuzubilligen sein. Denn der Geldbetrag dient für ihn zur Herstellung der beschädigten Sache; ist er nun ohne eigenes Verschulden nicht in der Lage, die Herstellung zum normalen Preise zu erlangen, so kann er auch den höheren, tatsächlich erforderlichen verlangen. Umgekehrt kann er aber den normalen Preis fordern,

---

1) RG. in der Zeitschrift für Bergrecht, Bd. 41 S. 486.

2) Unrichtig RG. in der Zeitschrift für Bergrecht, Bd. 27 S. 86, welches den Zeitpunkt der Klageerhebung für entscheidend hält. Sind freilich die Kosten später niedriger, so ist der Mehranspruch unter dem Gesichtspunkte des Verzugsschadens gerechtfertigt.

auch wenn er selbst in der Lage ist, für einen geringeren die Sache herzustellen.

Die zuletzt angeführten Grundsätze sind nicht unstreitig. Manche Schriftsteller[1]) nehmen an, daß der Grundstücksbesitzer stets den normalen Preis fordern müsse, auch wenn er selbst die Sache zu einem höheren oder niedrigeren Preise herstellen könne. Diese Auffassung leugnet nicht etwa, daß grundsätzlich der Schadensberechnung auch die individuellen Verhältnisse des Beschädigten zugrunde gelegt werden können (sogenannte subjektive Aestimation, vgl. unten § 6)[2]); sie nimmt aber anscheinend an, daß mit den Worten des § 249 BGB. „den dazu erforderlichen Geldbetrag" nur derjenige Geldbetrag gemeint sein könne, der objektiv zur Herstellung erforderlich ist. Diese durch keinen Beleg der Materialien gestützte Auffassung kann nicht gebilligt werden; es ist nicht einzusehen, aus welchen Gründen das Gesetz, das sonst die subjektive Abschätzung zugelassen hat, in diesem Falle eine Ausnahme macht.

C. Dem Grundstücksbesitzer steht die Wahl zu, ob er den normalen Herstellungspreis oder die Selbstkosten ersetzt verlangen will. Das Wahlrecht wird ausgeübt durch einseitige empfangsbedürftige Erklärung und kann einseitig nicht abgeändert werden, d. h. der Grundstücksbesitzer kann nicht nachträglich den Selbstkostenpreis verlangen, wenn er späterhin sieht, daß dieser höher ist als der normale Preis, oder umgekehrt. Das Wahlrecht muß einheitlich für den ganzen Anspruch ausgeübt werden; die Ausübung muß im Prozesse schon bei dem Streit über den Grund des Anspruchs erfolgen. Denn ob der Grundstücksbesitzer seine Forderung individuell berechnet oder sie nach der normalen Höhe annimmt, ist nicht lediglich Sache der Berechnung, sondern gehört zur Substantiierung des Anspruchs.

IV. Die Fragen, ob der Grundstücksbesitzer lieber Naturalherstellung oder Zahlung des hierzu erforderlichen Geldbetrages, und letzterenfalls, ob er den Geldbetrag lieber nach

---

1) Schollmeyer, S. 28; Staudinger, Bem. 3 letzter Absatz zu § 249.

2) Schollmeyer, S. 34; Staudinger, Vorbem. II, 1 zu §§ 249—255.

seinen individuellen Kosten oder nach dem normalen Satze berechnen soll, lassen sich natürlich nicht so allgemein entscheiden. Der Grundstücksbesitzer wählt häufig deshalb lieber den Geldbetrag statt der Naturalherstellung, weil er Geld braucht und kein Interesse oder wenigstens kein dringendes Interesse an der Herstellung hat. Eine derartige Erwägung ist natürlich vom kaufmännischen Standpunkte nicht zu billigen; vor allem muß sich der Grundstücksbesitzer vergegenwärtigen, daß bei neuen Beschädigungen der Bergwerksbesitzer stets den Einwand erheben wird, der Schaden sei nur dadurch entstanden, daß die früheren Schäden nicht oder nicht ordnungsmäßig beseitigt sind [1]). Andererseits hat die Forderung der Naturalherstellung den Nachteil, daß der Grundstücksbesitzer alle Mängel bis ins einzelne angeben muß, um deren Beseitigung zu erlangen, wobei er leicht einige Punkte übersehen kann. Ferner hat er den Nachteil, daß, falls der Einwand des konkurrierenden Verschuldens mit Erfolg erhoben wird, auf eine anteilmäßige Herstellung erkannt wird.

§ 5. Gebrauchswert und Tauschwert.

I. A. Kann der Grundstücksbesitzer nicht Herstellung, sondern Schadensersatz verlangen, so liegt es ihm ob, den entstandenen Schaden der Höhe nach zu berechnen. Grundlage dieser Berechnung ist der Wert der beschädigten Sache.

Als Wert der beschädigten Sache nimmt der Grundstücksbesitzer nun entweder ihren Gebrauchswert oder ihren Tauschwert an. Der Unterschied zwischen beiden Werten ist durch die nationalökonomische Wissenschaft endgültig festgelegt: Gebrauchswert ist die Tauglichkeit einer Sache für den menschlichen Gebrauch, Tauschwert ist die Bedeutung der Sache im Verkehr zum Austausche anderer Dinge [2]). Nun wird freilich der Wert der beschädigten Sache stets in Geld vergütet, mithin ihre Bedeutung im Verkehre zum Austausche gegen Geld berechnet. Damit ist aber der

---

1) Vgl. RG. in der Zeitschrift für Bergrecht, Bd. 46 S. 273.

2) Conrad, Handbuch der Nationalökonomie, Bd. 1 S. 11.

Gebrauchswert noch nicht zum Tauschwert geworden, obwohl die Bedeutung einer Sache im Verkehre stets auf ihrer Tauglichkeit zum Gebrauche beruht, der Tauschwert mithin auf den Gebrauchswert zurückgeht; denn es ist nationalökonomisch wie juristisch ein großer Unterschied, ob auf die letzten Ursachen des Wertes einer Sache, ihre Tauglichkeit zum Gebrauch, zurückgegangen wird oder ob nur die Wirkung dieser Gebrauchstauglichkeit, die Bedeutung im Verkehre, in den Kreis der Betrachtungen gezogen wird. Im ersteren Falle wird die Tauglichkeit zum Gebrauche selbst Gegenstand des Streites und der Entscheidung, im zweiten ist sie nur der Grund, auf dem der Streit und die Entscheidung mittelbar beruht; in jenem Falle kann und muß auf die Benutzung der Sache eingegangen werden, in diesem ist es weder erforderlich noch zulässig. Infolge der verschiedenen Bedeutung der Benutzung ist auch die Substantiierung des Anspruchs eine verschiedene.

B. Beide Arten der Berechnung sind von der Praxis stets zugelassen worden. Gegen die Berechnung nach dem Tauschwerte könnte man ja einwenden, daß bei ihr nicht die letzte und eigentliche Ursache des Streites, nämlich die Tauglichkeit zum Gebrauche, zum Gegenstande des Prozesses gemacht wird, sondern ein aus ihr entnommener Wert. Diesem Einwande ist entgegenzuhalten, daß die Rechtsordnung häufig im Interesse des Verkehrs nicht auf die letzten Ursachen zurückgeht; man denke nur daran, daß der sogenannte Irrtum im Motiv grundsätzlich unerheblich ist. Ebenso ist es bei der Berechnung nach dem Tauschwerte: der Tauschwert, die Abstraktion des Gebrauchswertes, hat sich im Verkehr so fest eingebürgert, daß er die Grundlage des Streites bilden kann.

C. Die Berechnung nach Gebrauchs- und Tauschwert ist auch nicht identisch oder abhängig von der subjektiven oder objektiven Schätzung, die im folgenden Paragraphen erörtert wird. Eine Identität kommt schon deswegen nicht in Frage, weil Gebrauchs- und Tauschwert E i g e n s c h a f t e n des zu berechnenden Gegenstandes betreffen, subjektive und objektive Schätzung dagegen die A r t der Berechnung, welche erst erfolgen kann, wenn Gebrauchs- oder Tauschwert des Gegenstandes feststeht. Ebensowenig besteht eine Abhängigkeit zwischen der Frage des Gebrauchs- oder Tauschwertes und derjenigen der subjektiven oder objektiven Schätzung; gewiß: bei Zugrundelegung des Gebrauchswertes wird der Schaden gewöhnlich nach dem individuellen Verluste des Grundstücksbesitzers, also subjektiv, abgeschätzt, bei Zugrundelegung des Tauschwertes dagegen nach dem normalen, objektiven Maßstabe [1]). Es ist dies aber ein Grundsatz, von dem nach beiden Richtungen hin Ausnahmen möglich sind. Wenn z. B. ein oder mehrere Räume eines vom Grundstücksbesitzer selbst bewohnten Hauses infolge Bergbauschäden unbenutzbar geworden sind, so kann der Grundstücksbesitzer Schadensersatz verlangen, ohne daß der Einwand zu berücksichtigen wäre, daß der Grundstücksbesitzer auch mit dem übrigen Teile seiner Wohnung hätte auskommen können [2]). Hier wird also der Gebrauchswert objektiv abgeschätzt [3]). Umgekehrt braucht sich der Grundstücksbesitzer nicht mit dem Verkaufswerte, welchen der durch Bergbau beschädigte Grund und Boden hat, zu begnügen, wenn ihm außer dem beschädigten Grundstücke noch anderes Land gehört und er über beide Grundstücke zusammen vorteilhafter hätte verfügen können als über jedes Grundstück für sich allein; dabei

---

1) Beim Gebrauchswert und bei der subjektiven Berechnung geht man auf die letzten Ursachen des Interesses des Grundstücksbesitzers zurück; beim Tauschwert und der objektiven Berechnung begnügt man sich mit abgeleiteten, im Verkehre feststehenden Werten (vgl. unten S. 42 Anm. 1, und S. 58 Anm. 2).

2) Darüber, daß freilich eine Einrede der Arglist gegeben sein kann, vgl. unten S. 83.

3) In folgendem Falle ist die Geltendmachung des nach objektivem Maßstabe zu berechnenden Gebrauchswertes das allein Zweckmäßige: Der Grundstücksbesitzer hat das Grundstück brach liegen lassen, indem er auf die Wertsteigerung spekulierte, den das in der Nähe befindliche Bergwerk seinem Grundstücke geben würde; wenn nun vor Eintritt der Wertsteigerung der Abbau dieses Bergwerks auf das Grundstück einwirkt, so kann der Grundstücksbesitzer nicht den Gebrauchswert nach subjektivem Maßstabe verlangen, weil dieser bei einem brach liegenden Grundstücke gleich Null ist, sondern nur den Gebrauchswert nach objektivem Maßstab, der sehr beträchtlich sein kann, wenn das Grundstück gut verwertbar ist.

ist es nicht etwa nötig, daß beide Grundstücke eine wirtschaftliche Einheit bilden, ja es ist nicht einmal erforderlich daß sie sich beide im Eigentum des Grundstücksbesitzers befinden, vielmehr würde schon ausreichen, daß dem Grundstücksbesitzer ein Vorkaufsrecht auf das andere Grundstück zusteht oder daß er Eigentümer sämtlicher Anteile einer Gesellschaft mit beschränkter Haftung ist, der ihrerseits das andere Grundstück gehört; in diesem Falle wird also der Tauschwert nach dem individuellen Schaden des Grundstücksbesitzers berechnet.

II. A. Die Verschiedenheit der Schadensberechnung nach Gebrauchs- und Tauschwert, die, soweit ersichtlich, bisher in der Literatur noch nicht beachtet ist[1]), hat die größte praktische Bedeutung. Um sie in ihrem vollen Umfange zu erkennen, muß man davon ausgehen, daß der Tauschwert im Gegensatz zum Gebrauchswerte nicht eine natürliche Eigenschaft des Gegenstandes, sondern eine durch den Verkehr entstandene gedachte Größe ist. Dies bewirkt zunächst eine Umformung des Kausalzusammenhanges. Die Minderung einer gedachten Größe kann nicht die mechanische Wirkung einer Zerstörung sein, sondern nur die logische Folge eines anderen, ebenfalls gedachten Grundes; mit anderen Worten: die Schädigung des Tauschwertes wird nicht bewiesen durch einen mechanischen Zusammenhang zwischen dem schädigenden Ereignisse als Ursache und der Minderung der Grundstückssubstanz als Wirkung, sondern auf dem logischen Wege, daß die Minderung des Tauschwertes zurückgeführt wird auf einen zureichenden Grund. Dieser zureichende Grund muß ein Glied der logischen Kausalitätskette sein, die zu der Minderung des Tauschwertes führt. Ob dieses Glied etwas näher oder ferner steht, wird durch die Verkehrsanschauung oder durch eine positive Vor-

1) Dies rührt meines Erachtens daher, daß man nicht beachtet, daß die Rechtsordnung im Interesse der Schnelligkeit des Verkehrs oft gestattet, nicht auf die letzten Ursachen zurückzugehen, sondern sich mit abgeleiteten, im Verkehre feststehenden Werten zu begnügen (vgl. oben S. 40). Aus demselben Grunde ist die Berechnung sowohl nach objektivem wie nach subjektivem Maßstabe zulässig (vgl. unten S. 58 Anm. 2).

schrift des Gesetzes bestimmt; es besteht die Möglichkeit, daß als Grund für die Minderung des Tauschwertes entweder die Vornahme bergmännischer Arbeiten in weiterem Sinne oder aber das Vorhandensein eines Bergwerkes oder endlich der Betrieb eines Bergwerkes angesehen wird. Für das geltende Recht ist die Frage durch eine positive Bestimmung des Gesetzes in dem letztgenannten Sinne geregelt, indem § 148 ABG. die Schadensersatzpflicht an eine Beschädigung des Grundstückes „durch den unterirdisch oder mittels Tagebaues geführten Betrieb des Bergwerkes" knüpft.

B. Erforderlich ist also nach geltendem Recht, daß der Tauschwert des Grundstückes gemindert wird durch den Betrieb des Bergwerkes; nicht ausreichend ist dagegen, wenn der Tauschwert durch das bloße Vorhandensein eines Bergwerkes beeinträchtigt wird, z. B. die Bebauung einer Gegend wird unterlassen, weil ein darunter liegendes Feld bereits verliehen ist und dessen Abbau, der möglicherweise Bergschäden verursachen könnte, bevorsteht; in diesem Falle kann der Grundstücksbesitzer auch nicht immer Schadensersatzansprüche stellen, sobald der Bergbau tatsächlich begonnen wird, weil möglicherweise dann die Konjunktur zur Bebauung des Grundstückes schon vorüber ist, vielmehr ist in diesem Falle der Ersatzanspruch häufig verloren. De lege ferenda ist zu wünschen, daß diese Schädigung des Grundstücksbesitzers dadurch beseitigt wird, daß im § 148 ABG. an Stelle der Worte „durch den unterirdisch oder mittels Tagebaues geführten Betrieb des Bergwerkes" die Fassung „durch das Bergwerk" gesetzt wird[1]); möge in diesem Falle der Bergwerksbesitzer, der sein Feld nicht abbaut, sich die Frage vorlegen, ob er nicht auf das Bergwerkseigentum verzichten will. Uebrigens ist schon de lege lata ein Schadensersatzanspruch dann gegeben, wenn das Bergwerk zur Zeit des Sinkens des Tauschwertes zwar noch

1) In seiner im „Glückauf", Jahrg. 1910 S. 1460 abgedruckten Entscheidung hat allerdings das Reichsgericht, anscheinend unbewußt, die Ersatzpflicht aus § 148 ABG. auf Schädigungen ausgedehnt, die durch das Vorhandensein, nicht den Betrieb des Bergwerkes entstanden sind.

nicht abgebaut, wohl aber vor- oder ausgerichtet wird[1]. Denn auch Vor- und Ausrichtungsarbeiten gehören zu dem „Betriebe“ eines Bergwerkes.

Unter „Betrieb“ des Bergwerkes ist der gesamte Abbau des Bergwerkes zu verstehen, nicht die einzelnen Betriebshandlungen, welche einen Schaden verursacht haben; denn diese enge Auslegung würde wiederum zu einem mechanischen Kausalzusammenhange führen und der für den logischen Nexus maßgebenden Verkehrsauffassung widersprechen, welche den Gesamtbetrieb als eine Einheit ansieht. Zu einem anderen Ergebnisse kann auch nicht die Tatsache führen, daß auf Grund der einheitlichen Vorschrift des § 148 ABG. zwei verschiedene Momente als Grund für die Schadensersatzpflicht angenommen werden müssen, je nachdem der Gebrauchs- oder der Tauschwert zu ersetzen ist; diesem anscheinend so unwiderleglichen Einwand ist entgegenzuhalten, daß eben der Begriff „Betrieb des Bergwerkes“ in den beiden Fällen von ganz verschiedenen Gesichtspunkten aus betrachtet werden muß, ebenso wie die Entschädigung einer Sache nach Gebrauchs- oder Tauschwert zu einem ganz verschiedenen Ergebnisse führen kann.

III. Die Verschiedenheit der Gründe des Ersatzanspruchs beim Gebrauchs- oder Tauschwert hat eine außerordentlich große praktische Bedeutung für die Vorteilsausgleichung (compensatio lucri cum damno), auf Grund deren der Bergwerksbesitzer dem Grundstücksbesitzer nur das Nettoergebnis des durch den Schädigungsgrund erlittenen Schadens zu ersetzen braucht, ihm also auf den Schaden alle diejenigen Vorteile anzurechnen berechtigt ist, die dem Grundstücksbesitzer durch den Schädigungsgrund zugeflossen sind. Beim Ersatz des Gebrauchswertes sind nun derartige anzurechnende Vorteile selten vorhanden; denn Schädigungsgrund ist hier die den Schaden herbeiführende Betriebshandlung, und nur in dem Falle, daß durch die gleiche Betriebshandlung dem Grundstücksbesitzer Vorteil zugekommen ist, kann hier eine Anrechnung stattfinden. Ist zweifelhaft, ob der Vorteil auf

---

1) RG. in der Zeitschrift für Bergrecht, Bd. 44 S. 141.

derselben Betriebshandlung beruht, so ist der Bergwerksbesitzer, der den Vorteil anrechnen will, für die Identität beweispflichtig. — Bei Ersatz des Tauschwertes ist dagegen Schädigungsgrund der Betrieb des Bergwerkes selbst; daher kann in diesem Falle der Bergwerksbesitzer dem Grundstücksbesitzer alle diejenigen Vorteile zur Anrechnung bringen, die dieser durch den Bergwerksbetrieb erhalten hat. Im wesentlichen kommt allerdings nur ein Vorteil in Betracht, der aber große Bedeutung hat: die Wertsteigerung des Grundstückes. Es ist eine Tatsache, daß in allen Bergbau treibenden Gegenden der Wert der Grundstücke dadurch wächst, daß das Bergwerk für seine Nebenanlagen, Arbeiterniederlassungen etc. Grundstücke braucht, daß sich ferner Leute, die im Bergwerk arbeiten, aber nicht in Zechenhäusern wohnen, mit ihren Familien in der Nähe des Bergwerkes ansiedeln, daß der Zustrom von Arbeitern und Zechenbeamten eine Reihe von Kaufleuten, die für deren Bedürfnisse sorgen, herbeilockt. Auf diese Weise sind durch den Bergwerksbetrieb größere Ansiedlungen, ja selbst Städte entstanden; diese teilweis rapide Vermehrung der Bevölkerung hat dann wiederum eine entsprechende Steigerung der Grundstückswerte hervorgerufen, auch soweit die Grundstücke noch nicht bebaut sind.

Diese Anrechnung ist freilich nach einigen Richtungen begrenzt.

Zur Anrechnung können nur die Vorteile gelangen, die dem klagenden Grundstücksbesitzer selbst zugekommen sind. Der Anspruch auf Schadensersatz ist subjektiv wie objektiv persönlich; infolgedessen kann eine Anrechnung der Vorteile nur gegenüber derjenigen Person in Frage kommen, welcher sie auch zugekommen sind. Wird allerdings der Anspruch auf Schadensersatz abgetreten, so können auch dem Nachmann gegenüber die Vorteile, welche dem Vormanne zugekommen sind, angerechnet werden. Dies folgt aus § 404 BGB.; dies gilt auch dann, wenn die Vorteile dem Vormanne erst zu einer Zeit zugute kommen, als der Schadensersatz schon fällig war und der Bergwerksbesitzer von seiner Abtretung Kenntnis hatte; der in diesem Falle eine Ausnahme zulassende § 406 BGB. paßt nicht, da es sich bei der Vorteilsausgleichung nicht um die Geltendmachung einer Gegenforderung, sondern um die eines sonstigen Einwandes handelt, der sich aus der Natur der Vorteilsausgleichung ergibt.

Ebenso wie auf Seiten des Grundstücksbesitzers, so muß auch auf Seiten des Bergwerksbesitzers Identität der Person für Vorteil und Nachteil vorliegen; der Bergwerksbesitzer kann also nicht etwa Vorteile in Anrechnung bringen, die durch einen anderen Bergwerksbesitzer entstanden sind, es sei denn, daß dieser sein Rechtsvorgänger war.

Endlich muß auch der Vorteil durch denselben „Bergwerksbetrieb" wie der Schaden hervorgegangen sein. Inwieweit eine Einheit des Bergwerksbetriebes vorliegt, entscheidet, wie schon oben erwähnt, die Verkehrsauffassung; für diese ist in der Regel nicht maßgebend, ob die Bergwerksteile durch denselben Schacht erreichbar sind oder tatsächlich befahren werden, andererseits werden auch nicht sämtliche miteinander durchschlägigen Bergwerke oder gar sämtliche im Besitze derselben Person stehenden Bergwerke als Einheit angesehen werden. Maßgebend wird vielmehr in der Regel sein, ob die Bergwerksteile in bergbautechnischer (nicht kaufmännisch-wirtschaftlicher) Hinsicht eine Einheit bilden, insbesondere ob sie nach einheitlichen Grundsätzen abgebaut werden; diese Frage kann leicht zu verschiedenen Zeiten in verschiedener Weise beantwortet werden.

Bemerkt sei übrigens auch, daß die Identität des Bergwerkes keineswegs immer auch die Identität des Bergwerksbetriebes bedingt; ist z. B. der Bergbau lange Zeit liegen geblieben und wird er später unter ganz anderen kaufmännischen und technischen Bedingungen wieder aufgenommen, so liegt eine Identität des Bergwerksbetriebes nicht vor; andererseits wird naturgemäß die Identität nicht durch eine Vervollkommnung der Abbautechnik oder eine Veränderung der Rentabilitätsberechnung aufgehoben. Ob Identität des Betriebes vorliegt oder nicht, ist im einzelnen Falle Tatfrage.

Der Bergwerksbesitzer, der den Vorteil anrechnen lassen will, ist dafür beweispflichtig, daß der Vorteil durch denselben Bergwerksbesitzer eingetreten ist wie der Schaden. Dieser Beweis ist oft sehr schwer zu erbringen, da für die Wertsteigerung der Grundstücke gewöhnlich nicht nur andere Momente als der Bergbau, sondern vor allem auch sonstige Bergwerksbetriebe in Betracht kommen. Im einzelnen Falle wird daher der Anteil, den der in Frage kommende Bergwerksbetrieb an der Wertsteigerung des Grundstückes hat, durch Sachverständige abzuschätzen sein.

Die Vorteilsausgleichnng ist andererseits insofern ziemlich ausgedehnt, als sie auch dann stattfinden kann, wenn die Vorteile einem anderen Grundstücke als dem beschädigten zugekommen sind. Dies folgt aus der persönlichen Natur des Schadensersatzanspruchs; es kommt nur darauf an, daß demselben Grundstücksbesitzer die Vorteile zugekommen sind. Dagegen müssen, wie die herrschende Lehre mit Recht annimmt, die Vorteile dem Schaden „adäquat" sein[1]); es können deshalb nicht die Vorteile angerechnet werden, die dem Grundstücksbesitzer dadurch entstanden sind, daß ihm der Bergwerksbetrieb eine Gelegenheit zu gewinnbringender Tätigkeit oder zu sonstigen persönlichen Vorteilen gewährt.

Eine Vorteilsausgleichung nach vorstehenden Grundsätzen wird stets zu dem Ergebnisse führen, daß der Grundstücksbesitzer vor jedem Verluste bewahrt bleibt, daß er aber auch nicht mühelos durch den Bergwerksbetrieb eine gewaltige Erhöhung seines Grundstückswertes erzielen und sich diesen Gewinn noch einmal entschädigen lassen kann.

IV. Noch in einem anderen Punkte hat die Verschiedenheit von Gebrauchs- und Tauschwert große Bedeutung, nämlich für den Zeitpunkt der Entstehung des Schadens; dieser Zeitpunkt seinerseits ist maßgebend bei Wertveränderungen für die Höhe des Schadens[2]) und im Falle des Besitzwechsels für die Person des Berechtigten.

---

1) Oertmann, S. 39; Fischer, Der Schaden nach dem BGB., S. 227 ff.

2) Ueber den wichtigen Fall, daß für die Berechnung nach dem Gebrauchswerte der Wert des unbebauten Grundstückes, nach dem Tauschwerte aber der Wert des bebauten Grundstückes maßgebend ist (vgl. unten S. 159 f.).

A. 1. Bei dem Gebrauchswerte ist der Zeitpunkt des Schadens leicht zu bestimmen; er ist eingetreten, wenn die Tauglichkeit der Sache zum Gebrauch aufgehoben oder gemindert wird; es kommt lediglich darauf an, wann die Tauglichkeit tatsächlich gemindert ist, nicht aber, wann die Minderung erkennbar ist. Die Minderung des Gebrauchswertes erfolgt daher, wie dies in Literatur und Praxis bisher mit Recht angenommen ist, stets mit der Einwirkung des Bergbaus auf die Erdoberfläche.

2. Schwierig ist es dagegen zu bestimmen, in welchem Zeitpunkte der Tauschwert einer Sache aufgehoben oder gemindert wird; denn der Tauschwert ändert sich nicht zugleich mit dem Gebrauchswerte, sondern er kann sich schon mindern infolge eines bevorstehenden Sinkens des Gebrauchswertes und kann möglicherweise trotz Sinken des Gebrauchswertes in voller Höhe bestehen bleiben, wenn das Sinken des Gebrauchswertes noch nicht erkannt oder erkennbar ist.

Die Aenderung des Tauschwertes stimmt also nicht überein mit der tatsächlichen Aenderung des Gebrauchswertes, sondern mit seiner scheinbaren Aenderung. Diese Verschiedenheit ist natürlich von Bedeutung für solche Bergbauschäden, die schon vor ihrem Eintritt erkannt werden können, und solche, die noch lange nach ihrem Eintritt nicht erkennbar sind; es kommt auch nicht selten vor, daß die Furcht vor künftigen Bergschäden, die späterhin gar nicht eintreten, eine Aenderung des Tauschwertes hervorruft. Endlich ist zu berücksichtigen, daß meist die einzelnen Einwirkungen des Bergbaus nicht eine sofortige, sondern eine allmähliche Aenderung des Gebrauchswertes hervorrufen, während sich die Aenderung des Tauschwertes nach den Gewohnheiten des Verkehrs stoßweise vollzieht, d. h. ist eine nennenswerte Minderung des Gebrauchswertes eingetreten oder zu befürchten, so sinkt der Tauschwert plötzlich merkbar und bleibt dann auf dieser Höhe so lange, bis wiederum eine nennenswerte Minderung des Gebrauchswertes eingetreten ist[1]).

1) Diese Unterscheidung liegt auch der vielangefochtenen Entscheidung des RG. in Zivilsachen, Bd. 30 S. 250 (Zeitschrift für Bergrecht, Bd. 34 S. 314) zugrunde; sie nimmt mit Recht an, daß die Minderung des Tauschwertes,

B. 1. a) Um hiernach den Zeitpunkt zu bestimmen, in welchem sich der Gebrauchswert mindert, bedarf es der Feststellung, wann die Einwirkung des Bergbaus auf das Grundstück erfolgt ist. Dies ist technisch deswegen fast unmöglich, weil die Einwirkung gewöhnlich eine allmähliche ist und niemand nachträglich sagen kann, in welchem Tempo sich die Einwirkungen vollzogen haben. Andererseits genügt auch nicht, wie dies in der Praxis gewöhnlich angenommen wird, die Möglichkeit, daß sich die Einwirkungen über einen bestimmten Zeitpunkt erstreckt haben können. Angesichts der technischen Schwierigkeit, den Zeitpunkt der Einwirkungen im einzelnen festzustellen, ist vielmehr nur folgender Weg richtig: Lassen sich keine einzelnen Stadien der Einwirkungen unterscheiden, so ist die Zeitdauer der Einwirkungen so gut wie möglich festzustellen und die Minderung des Gebrauchswertes in Prozenten anzugeben. Hat sich nun während dieser Zeit der Gebrauchswert geändert, so ist der durchschnittliche Gebrauchswert des Grundstückes (arithmetisches Mittel) der Berechnung zugrunde zu legen und hieraus der Prozentsatz zu berechnen. Haben also z. B. die Einwirkungen 5 Jahre gedauert, hat der Gebrauchswert während der einzelnen Jahre 100, 101, 102, 103, 104 betragen und haben die Einwirkungen den Gebrauchswert um 10 Prozent gemindert, so ist als durchschnittlicher Gebrauchswert 102 anzunehmen und hiervon die zehnprozentige Minderung mit dem Ergebnisse 10,2 zu berechnen. Nach der heutigen fehlerhaften Methode

welche bei einem Grundstücke infolge Entziehung seiner Bauplatzeigenschaft eintritt, nicht erst infolge der physischen Einwirkung des Bergbaus erfolgt, sondern bereits infolge der „Gefährdung", d. h. „der Entziehung der Gelegenheit, das zum Bauplatze sonst geeignete Grundstück für sich zu verwerten" (S. 254). Unter dem Einflusse der diese Entscheidung bekämpfenden Literatur (Ulfig, Zeitpunkt der Entstehung des Bergschadens, in der Zeitschrift für Bergrecht, Bd. 45 S. 71 ff.; Funke, Entschädigungsverbindlichkeit bei drohendem Bergbau, in der Zeitschrift für Bergrecht, Bd. 38 S. 437; Westhoff, Bd. 1 S. 161) hat das Reichsgericht aber seinen Standpunkt im wesentlichen aufgegeben (RG. in der Zeitschrift für Bergrecht, Bd. 40 S. 75); dagegen steht eine spätere Entscheidung (Zeitschrift für Bergrecht, Bd. 43 S. 355) wieder auf dem ursprünglichen Standpunkt. Noch weitergehend und zum mindesten in der Begründung unzutreffend RG. im „Glückauf", Jahrgang 1910 S. 1460.

würde festgestellt werden, daß die Einwirkungen noch in dem Jahre bestanden, in dem der Gebrauchswert 104 betrug, und hiervon die zehnprozentige Minderung berechnet werden, sofern nicht gar die Minderung in einer absoluten Zahl „geschätzt" werden sollte. — Lassen sich mehrere Stadien der Einwirkungen unterscheiden, so ist jedes so genau wie möglich nach Zeitdauer und Umfang zu bestimmen, bei jedem ist dann nach der obigen Methode mit Durchschnittswert und prozentualer Minderung der Schaden besonders festzustellen, wobei zu berücksichtigen ist, daß für das spätere Stadium nur der tatsächliche, infolge der früheren Einwirkungen bereits geminderte Gebrauchswert zugrunde gelegt werden darf. Man nehme z. B. an, daß der durchschnittliche Gebrauchswert während des ersten Stadiums 95 betrug, während er in dem zweiten Stadium 100 betragen hätte, wenn nicht bereits Einwirkungen vorangegangen wären; die Minderung des Gebrauchswertes betrage in dem ersten Stadium 10 Prozent, im zweiten 8 Prozent. Dann beträgt im ersten Stadium der Schaden 10 Prozent von 95 = 9,5. Infolge der zehnprozentigen Einwirkung im ersten Stadium beträgt der tatsächliche Gebrauchswert im zweiten Stadium nicht 100, sondern nur 90. Die achtprozentige Minderung dieses Gehrauchswertes ergibt einen Schaden von 8 Prozent × 90 = 7,2. Der gesamte Schaden, der zu ersetzen ist, beträgt hiernach 9,5 + 7,2 = 16,7. Nach der gewöhnlich angewendeten Methode würden dagegen 18 Prozent von 100 = 18 ersetzt werden.

b) Besonderes gilt, wenn nur der seit einem bestimmten Zeitpunkt erfolgte Schaden zu ersetzen ist; dies ist namentlich der Fall, wenn die früheren Ansprüche verjährt sind und wenn im Falle des Besitzwechsels die früheren Ansprüche einem anderen zustehen. Hier muß zunächst unterschieden werden, ob der Schaden ein einheitlicher ist oder nicht; einheitlich ist der Schaden, wenn er auf dasselbe schädigende Ereignis zurückzuführen und wenn er durch denselben, wenn auch allmählich eingetretenen Vorgang entstanden ist. Ist einheitlicher Schaden auch nur teilweise zu einer Zeit eingetreten, für welche ein Schadensersatz zu leisten ist, so ist er in voller Höhe zu vergüten, denn eine

Teilung des einheitlichen Schadens ist unzulässig. Liegt dagegen kein einheitlicher Schaden vor, so ist nur derjenige Schaden zu ersetzen, welcher innerhalb der Zeit entstanden ist, für die ein Ersatzanspruch besteht. Im letzteren Falle muß dann durch Sachverständige ermittelt werden, welcher Teil des Schadens in den Zeitraum fällt, für den der Anspruch gegeben ist; dieser Teil ist dann nach den obigen Grundsätzen zu berechnen, wobei der durch frühere, wenn auch nicht ersatzfähige Schäden geminderte Gebrauchswert zugrunde zu legen ist. Ist eine Teilung des Ersatzanspruchs infolge des Einwandes der Verjährung erforderlich, so muß, wenigstens bei der Verjährung aus § 151 ABG., auch die Frage untersucht werden, ob der Grundstücksbesitzer auch schon den früheren Teil des Schadens für sich allein hätte erkennen können, und verneinendenfalls, in welchem Zeitpunkte er den Schaden hätte wahrnehmen müssen.

Der Grund dafür, daß bei der Berechnung des Schadens die nur allmählich erfolgende Minderung des Gebrauchswertes nicht gewürdigt wurde, liegt daran, daß eine Unterscheidung zwischen Gebrauchs- und Tauschwert bisher nicht erfolgt ist, die Grundsätze für die Berechnung beider vielmehr vermengt wurden; beim Tauschwert erfolgt aber in der Tat die Minderung nicht allmählich, sondern, wie schon erwähnt, stoßweise.

2. a) Die Berechnung des Schadens beim Tauschwert erfolgt in der Weise, daß zunächst festgestellt wird, um wieviel Prozent der Tauschwert bei jedem „Stoß“ infolge des Bergbaubetriebes sinkt; hierbei ist zu beachten, daß, wenn bereits ein Sinken des Tauschwertes erfolgt ist, dieses auch bei der späteren Berechnung berücksichtigt werden muß, z. B. ein Grundstück würde ohne den Bergbaubetrieb im Jahre 1909 einen Wert von 100 und im Jahre 1912 einen solchen von 110 haben; infolge des Bergbaus beträgt aber sein Wert im Jahre 1909 nur 90 und im Jahre 1912, in dem ein neuerlicher Rückgang erfolgt ist, nur 95. Dann beträgt der Schaden im Jahre 1909 10 Prozent von 100 gleich 10. Infolge des bereits eingetretenen zehnprozentigen Schadens beträgt nun der tatsächliche Tauschwert des Grundstückes im Jahre

1912 nicht 110, sondern nur 99; sinkt er dann weiter auf 95, so ist ein weiterer Schaden von 4 entstanden, der gesamte Schaden, der zu entschädigen ist, beträgt mithin 10 + 4 = 14, nicht aber 110—95 = 15. — Die Schwierigkeit dieser Berechnung liegt nicht in der Berechnung selbst, sondern in der Feststellung ihrer Grundlagen; denn da Grundstücke und ihr Zubehör keinen Markt- oder Börsenpreis haben, so ist sehr schwer festzustellen, in welchem Zeitpunkte und in welchem Umfange ein Sinken des Tauschwertes erfolgt ist und inwieweit es auf den Bergbaubetrieb zurückzuführen ist. Auch die für benachbarte Grundstücke erzielten Preise sind nicht ohne weiteres maßgebend, weil einerseits infolge verschiedener Bodenbeschaffenheit und Lage der Wert eines jeden Grundstückes ein anderer ist und weil andererseits gewöhnlich auch die Nachbargrundstücke unter der Einwirkung des Bergbaus leiden. Die Praxis wird sich daher begnügen müssen, die Unterlagen für die Schadensberechnung so genau oder ungenau festzustellen, wie dies im einzelnen Falle möglich ist.

b) In denjenigen Fällen, in denen der Zeitpunkt des Schadens wegen des Einwandes der Verjährung von Bedeutung ist, wird auch bei dem Tauschwert stets zu erörtern sein, ob ein bereits teilweise eingetretener geringerer Schaden von dem Grundstücksbesitzer hätte erkannt werden müssen.

Einige Besonderheiten gelten für den Fall, daß ein Wechsel in der Person des berechtigten Grundstücksbesitzers zu einer Zeit eintritt, in welcher bereits der Gebrauchswert ohne den Tauschwert oder aber der Tauschwert ohne den Gebrauchswert gemindert ist. Ist der Gebrauchswert noch ungemindert, der Tauschwert aber gesunken, weil künftige Einwirkungen des Bergbaus zu befürchten sind, so könnte der frühere Besitzer Ersatz des Tauschwertes und der spätere den Ersatz des Gebrauchswertes vom Bergwerksbesitzer verlangen; denn beide Ansprüche sind unabhängig von einander. In diesem Falle wird man aber dem Bergwerksbesitzer gegenüber dem späteren Grundstücksbesitzer, der den Ersatz des Gebrauchswertes fordert, die Einrede der Arglist geben, weil der Grundstücksbesitzer ja das Grundstück entsprechend billig gekauft, mithin gar keinen Schaden erlitten hat. — Etwas verwickelter liegt der andere Fall, daß zur Zeit des Besitzwechsels die Einwirkungen durch den Bergbau zwar schon erfolgt, aber noch nicht erkennbar waren, so daß der Gebrauchswert ohne den Tauschwert gesunken war. Hier hat entsprechend dem vorigen Falle der frühere Grundstücksbesitzer Anspruch auf Ersatz des Gebrauchswertes und der spätere einen Anspruch auf Ersatz des Tauschwertes, und der Bergwerksbesitzer kann dem älteren Bergwerksbesitzer die Einrede der Arglist entgegensetzen, weil er ja den ungeminderten Kaufpreis erhalten hat. Es ist aber in diesem Falle zu berücksichtigen, daß der spätere Grundstücksbesitzer von dem älteren wegen einer mangelnden Eigenschaft der verkauften Sache Wandelung oder Minderung verlangen kann, ein Anspruch, der mangels gegenteiliger Vereinbarung in einem Jahr und, wenn lediglich das Zubehör mangelhaft ist, in 6 Monaten verjährt. Gegenüber derartigen Ansprüchen des späteren Grundstücksbesitzers muß notwendig der frühere gesichert werden; man wird ihm deshalb in diesem Falle gegen den Bergwerksbesitzer einen Anspruch geben auf Befreiung von seiner gegenüber dem späteren Grundstücksbesitzer bestehenden Verpflichtung zur Wandelung und Minderung. Sollte der spätere Grundstücksbesitzer von dem Bergwerksbesitzer Ersatz des Tauschwertes begehren und dann noch gegenüber dem früheren Grundstücksbesitzer wandeln oder mindern, so könnte letzterer bzw. sein Hintermann, der Bergwerksbesitzer, der Wandelungs- oder Minderungsklage die Einrede der Arglist entgegensetzen; denn der spätere Grundstücksbesitzer würde in diesem Falle zweimal denselben Schaden begehren, den er nur einmal erlitten hat,

Wie tiefgreifend die Verschiedenheit von Gebrauchs- und Tauschwert ist, zeigt sich sehr deutlich, wenn unter den Parteien streitig ist, ob das beschädigte Grundstück Baulandeigenschaft hat oder nicht. Die Streitfrage kann natürlich nur auftauchen, wenn der Grundstücksbesitzer für ein unbebautes Grundstück den Ersatz des Wertes eines bebaubaren fordert d. h. einen Tauschwert, welcher den Gebrauchswert um ein Mehrfaches übersteigt. Ob nun Baulandeigenschaft vorliegt, entscheidet sich natürlich vor allem nach der Lage des Grundstückes und der Bebauung der nächsten Umgebung; die Entscheidung der Frage kann aber auch davon abhängen, ob nicht der Bergbaubetrieb als solcher die Bebaubarkeit von vornherein ausgeschlossen d. h. die Entstehung der Baulandeigenschaft verhindert hat. Hierfür ist nicht maßgebend, ob bereits tatsächlich Einwirkungen des Bergbaues auf das Grundstück vorliegen, welche eine Bebauung ausschließen [1]; es geschieht garnicht selten, daß das Grundstück trotz derartiger Einwirkungen bebaut wird, weil die Einwirkungen nicht erkannt werden, vielleicht garnicht erkannt werden konnten, und daß es sich erst nach Fertigstellung des Baues herausstellte, daß schon lange vorher der Bergbau auf das Grundstück eingewirkt hat. Für die Entziehung der Baulandeigenschaft ist vielmehr maßgebend, ob (vergangene oder bevorstehende) Einwirkungen des Bergbaus zu erkennen waren, welche die Bebauung untunlich erscheinen ließen und den Tauschwert herabdrückten. Gerade gegenüber dem Anspruch auf Entschädigung für Baulandeigenschaft wird auch besonders häufig der Einwand der Vorteilsausgleichung durchgreifen, weil die Baulandeigenschaft in aufstrebenden Gegenden meist erst durch den Betrieb des dem beklagten Besitzer gehörigen Bergwerkes entstanden ist.

V. A. Die Wahl zwischen dem Ersatz des Gebrauchs- oder Tauschwertes steht dem Grundstücksbesitzer zu und erfolgt durch einseitige empfangsbedürftige Willenserklärung; sie muß bereits bei dem Streite über den Grund des Anspruchs vorgenommen werden.

B. Die Wahl kann auch hier nur einheitlich erfolgen, d. h. bezüglich der beschädigten Sache kann nur entweder der Gebrauchswert oder der Tauschwert ersetzt verlangt werden. Soweit Schadensersatz neben der Herstellung gefordert werden kann, d. h. in den beiden Fällen des § 251 Abs. 1 BGB. (vgl. oben S. 23ff.), kann Gebrauchswert oder

1) Vgl. oben S. 48 Anm. 1.

Tauschwert neben Naturalherstellung oder Geldersatz in beliebiger Kombination begehrt werden. Selbstverständlich kann, wenn mehrere Beschädigungen derselben Sache oder eine einheitliche Beschädigung mehrerer Sachen vorliegt, in dem einen Fall der Gebrauchswert und in dem anderen der Tauschwert verlangt werden.

In der Praxis wird der Grundsatz, daß bei einer einheitlichen Beschädigung derselben Sache entweder nur der Gebrauchswert oder nur der Tauschwert gefordert werden kann, nicht genügend beachtet; in zahlreichen Fällen wird neben dem nach dem Tauschwerte berechneten Minderwerte des Grundstückes noch Ersatz für Fruchtausfall bei unbebauten und für Mietsausfall bei bebauten Grundstücken begehrt, und diesen Anträgen wird auch stattgegeben[1]). In Wirklichkeit muß hier der Grundstücksbesitzer auf Grund des § 139 ZPO. darauf hingewiesen werden, daß er nur den Gebrauchs- oder den Tauschwert, nicht aber beide zugleich begehren darf; sollte er trotzdem auf seinem Verlangen bestehen, so muß die Klage mangels genügender Substantiierung abgewiesen werden, weil nicht dargetan ist, welcher der beiden Werte verlangt wird. Die Unzulässigkeit des Nebeneinanderstehens beider Werte ergibt sich aus folgender praktischen Erwägung: Erhält der Grundstücksbesitzer den Minderwert, so kann er zugleich hiervon Zinsen verlangen von dem Zeitpunkte ab, an dem der Bergwerksbesitzer in Verzug geraten ist, mindestens also seit Klageerhebung; diese Zinsen stellen nun den Ertrag derjenigen Summe dar, um die der Grundstückswert gemindert ist; soweit also nun Gebrauchs- und Tauschwert zusammenfallen, decken sich Zinsen und der alljährliche Gebrauchsausfall; denn beide sind die verminderten Erträge des Grundstückes bzw. seines Wertes. Sie beide dem Grundstücksbesitzer zu bewilligen, hieße daher, ihn doppelt entschädigen. Ebensowenig kann der Grundstücksbesitzer den Ertragsausfall für eine Zeit verlangen, für die ihm die Zinsen des Minderwertes noch nicht zustehen, insbesondere also für die Zeit

1) Vgl. z. B. RG. in Zeitschrift für Bergrecht, Bd. 30 S. 375, Bd. 39 S. 236.

zwischen Eintritt des Schadens und Klageerhebung. Denn indem der Gesetzgeber die Verpflichtung des Bergwerksbesitzers zur Zinszahlung auf die Zeit seit Eintritt des Verzuges begrenzt hat (§ 288 BGB. im Gegensatze zu dem Anspruche aus unerlaubter Handlung, § 849 BGB.), hat er zu erkennen gegeben, daß er eine Verpflichtung zur Zinszahlung für eine frühere Zeit auch nicht auf einem Umwege herbeigeführt wissen will. Berechnet der Grundsücksbesitzer den Minderwert nach dem Gebrauchswerte, was ihm auch freisteht, so wird er gar nicht auf den Gedanken kommen, daneben noch Ersatz seines Ertragsausfalles zu verlangen; denn der nach dem Gebrauchswerte berechnete Minderwert stellt sich, wenn er ein dauernder ist, als Kapitalisierung des Ertragsausfalles dar. Durch die Zinsen dieses Kapitals wird gleichzeitig der Ertragsausfall abgegolten; andererseits kann der Grundstücksbesitzer auch hier nicht für die Zeit vor Eintritt des Verzuges, für die eine Verzinsung des Kapitals nicht erfolgt, den Ertragsausfall besonders geltend machen. — Ebensowenig wie der Ertragsausfall kann der konkrete Schaden und der entgangene Gewinn zugleich mit der Entschädigung für den Tauschwert verlangt werden; denn auch diese Ansprüche berechnen sich nach dem Gebrauchswerte des Grundstücks [1]).

Erwähnt sei noch, daß in einem Falle Ersatz des Gebrauchswertes neben dem des Tauschwertes verlangt werden kann, wenn der Grundstücksbesitzer nämlich an sich Ersatz des Tauschwertes begehrt, für die Zeit des Verzuges aber außer den Zinsen des Minderwertes gemäß § 288 Ab. 2 BGB. noch weiteren Schaden geltend macht. Diesen weiteren Schaden kann er nach dem Gebrauchswerte berechnen, muß aber natürlich die Zinsen des Minderwertes hierauf zur Anrechnung bringen. Das Nebeneinanderstehen des Ersatzes von Gebrauchs- und Tauschwert ist hier übrigens nur ein scheinbares: der Anspruch auf Ersatz des Tauschwertes beruht auf dem Bergbauschaden, der auf Ersatz des Gebrauchs-

1) Vgl. unten S. 62 Anm. 1 und S. 69; Gleiches gilt auch für den Anspruch auf Ersatz der Schäden für Störungen und Unbequemlichkeiten (vgl. unten S. 128).

wertes dagegen auf dem Verzuge des Bergwerksbesitzers, also auf einem anderen Rechtsgrunde.

C. Ob der Grundstücksbesitzer den Ersatz des Gebrauchs- oder den des Tauschwertes wählen soll, läßt sich natürlich auch nur nach Lage des einzelnen Falles entscheiden; gerade diese Wahl ist eine ganz besonders schwierige und kann dem Grundstücksbesitzer sehr erhebliche Vorteile oder Nachteile bringen. Zugunsten des Tauschwertes spricht, daß dieser, namentlich in Gegenden mit stark steigenden Bodenpreisen, gewöhnlich höher ist als der Gebrauchswert. Zugunsten des Gebrauchswertes spricht dagegen, daß, sofern nicht auch hier Kapitalsabfindung zu zahlen ist, auch der vor Eintritt des Verzuges des Bergwerksbesitzers entstandene Schaden ersetzt wird, vor allem aber, daß hier eine Vorteilsausgleichung, die unter Umständen den ganzen Schaden übersteigen kann, nur in sehr seltenen Fällen stattfindet. — Im allgemeinen wird man sagen können, daß für den Grundstücksbesitzer der Ersatz des Gebrauchswertes in denjenigen Fällen vorteilhafter ist, in denen er das Grundstück als werbendes Kapital benutzt und aus ihm große Einkünfte erzielt; dagegen empfiehlt sich für ihn der Ersatz des Tauschwertes, wenn er nur die normale Rente aus dem Grundstücke zieht oder das Grundstück lediglich zu Spekulationszwecken benutzt, um einen möglichst großen Kapitalgewinn zu erzielen; doch wird er auch bei einer Spekulation den Gebrauchswert fordern, wenn die Wertsteigerung lediglich oder vorwiegend durch die Tätigkeit des beklagten Bergwerksbesitzers herbeigeführt ist. Die Richtigkeit vorstehender Grundsätze wird sich auch aus dem in den folgenden Paragraphen Gesagten ergeben.

§ 6. Objektive und subjektive Berechnung.

I. A. Als Ersatz kann der Grundstücksbesitzer stets den Betrag verlangen, der normalerweise zur Herstellung des beschädigten Grundstückes oder zum Ersatz der Beschädigungen erforderlich ist (objektive Berechnung); der Bergwerksbesitzer kann nicht einwenden, daß für den Grundstücksbesitzer infolge besonderer Umstände ein geringerer Betrag zur Herstellung oder zum Ersatz ausreichend sei.

Wohl aber braucht sich der Grundstücksbesitzer nicht mit der normalen Summe zu begnügen, sondern er kann auch den Betrag nach seinem individuellen Schaden berechnen (subjektive Berechnung). Bei ihr wird im Gegensatz zur objektiven Berechnung auf die individuelle Tätigkeit des Grundstücksbesitzers eingegangen; infolgedessen steht hier dem Bergwerksbesitzer der Einwand zu, daß für den Grundstücksbesitzer infolge seiner individuellen Eigenschaften auch ein geringerer als der normale Betrag ausreichend sei. — Beide Berechnungen sind in der Rechtsprechung anerkannt, während nach der in der Literatur herrschenden Ansicht [1]) nur die subjektive Berechnung zulässig sein soll [2]).

B. Die doppelte Art der Berechnung ist nicht nur beim Anspruche auf Schadensersatz, sondern auch bei dem auf Herstellung zulässig, wie schon oben S. 37 f. ausgeführt; ebenso ist die doppelte Art der Berechnung sowohl beim Ersatze des Gebrauchswertes als auch bei dem des Tauschwertes möglich [3]); allerdings wird beim Anspruch auf Herstellung und beim Ersatze des Tauschwertes die Berechnung gewöhnlich nach dem objektiven, beim Ersatze des Gebrauchswertes dagegen nach dem subjektiven Maßstabe erfolgen. Bei der Naturalherstellung kommt natürlich der Gegensatz von objektiver und subjektiver Berechnung gar nicht in Frage.

II. A. Die Wahl zwischen der objektiven und subjektiven Berechnung erfolgt durch einseitige empfangsbedürftige Willenserklärung des Grundstücksbesitzers; sie muß im Prozesse schon beim Streit über den Grund des Anspruchs abgegeben werden. Die Wahl muß auch hier

---

1) Vgl. z. B. Staudinger, Vorbem. II, 1 zu §§ 249—255.

2) Auch hier beachtet die Literatur ebensowenig wie bei der Unterscheidung von Gebrauchs- und Tauschwert (vgl. oben S. 42 Anm. 1), daß die Rechtsordnung oft im Interesse des Verkehrs gestattet, nicht auf die letzten Ursachen zurückzugehen, sondern sich mit abgeleiteten Werten zu begnügen. In Wirklichkeit wird nur in der Minderzahl der Fälle der subjektive Maßstab der Berechnung zugrunde gelegt. Tatsächlich ist auch der Grundstücksbesitzer durch Veräußerung, Vermietung oder Verpachtung seines Grundstückes jederzeit in der Lage, an Stelle des niedrigeren subjektiven den höheren objektiven Wert zu erzielen.

3) Vgl. oben S. 41 f.

eine einheitliche sein, d. h. die Berechnung darf nicht teilweise nach objektivem und teilweise nach subjektivem Maßstabe erfolgen; infolgedessen darf in den Fällen des § 251 Abs. 1 BGB. in der Regel nicht neben dem gemäß § 249 Satz 2 BGB. zur Herstellung geforderten Geldbetrag ein Schadensersatz nach dem Gebrauchswert berechnet werden, weil gewöhnlich der erstere objektiv, der letztere subjektiv berechnet wird; tatsächlich kommen derartige Fälle auch kaum in der Praxis vor, vielmehr wird in den Fällen des § 251 Abs. 1 der Minderwert objektiv nach dem Tauschwerte berechnet.

B. Dem Grundstücksbesitzer wird die Entscheidung oft schwer fallen, ob er seinen Schaden subjektiv oder objektiv berechnen soll. Bei der subjektiven Berechnung kann der Grundstücksbesitzer auch den Schaden verlangen, der ihm persönlich über das gewöhnliche Maß hinaus erwachsen ist; doch ist die Substantiierung und Beweisführung hier eine viel schwierigere und umständlichere als bei der objektiven Berechnung; außerdem kann es sich nachher herausstellen, daß der individuelle Schaden geringer ist als der gewöhnliche. Der Grundstücksbesitzer wird infolgedessen nur dann die subjektive Berechnung wählen, wenn sein individueller Schaden den gewöhnlichen nennenswert übersteigt und er ferner keinen Wert darauf zu legen braucht, möglichst schnell in den Besitz einer Geldsumme zu gelangen. Dies Ergebnis wird noch verschärft durch die Erwägung, daß der Tauschwert gewöhnlich objektiv, der Gebrauchswert dagegen und ebenso der entgangene Gewinn [1]) subjektiv berechnet werden; es stehen hiernach meistens auf der einen Seite Tauschwert und objektive Berechnung, auf der anderen Seite Gebrauchswert, subjektive Berechnung und entgangener Gewinn. Der Grundstücksbesitzer wird die zweite Art der Berechnung nur dann wählen, wenn er sein Grundstück in besonders gewinnbringender Tätigkeit ausnutzt oder ausnutzen will, so daß die Einkünfte den Zinsfuß des gemeinen Wertes in Gegenwart oder naher Zukunft nennenswert übersteigen, oder

1) Vgl. unten S. 69.

endlich, wenn der Verlust sich über die Beschädigung des Grundstückes hinaus auch auf das übrige Vermögen des Grundstücksbesitzers erstreckt. Kurz zusammengefaßt: Je aktiver die Tätigkeit des Grundstücksbesitzers, um so mehr wird die subjektive Berechnung angebracht sein; je mehr der Grundstücksbesitzer auf eine ohne sein Zutun eintretende Wertsteigerung rechnet, um so eher empfiehlt sich die Berechnung nach objektivem Maßstabe.

§ 7. Abstrakter und konkreter Schaden.

I. Berechnet der Grundstücksbesitzer seinen Schaden nach dem subjektiven Maßstabe, so kann er Ersatz desjenigen Wertes verlangen, den das beschädigte Grundstück für ihn gehabt hat (abstrakter Schaden). Er hat aber auch darüber hinaus Anspruch auf Ersatz desjenigen Wertes, den sonstige Vermögensstücke, die infolge der Grundstücksbeschädigung ebenfalls an Wert verloren haben, für ihn hatten (konkreter Schaden). Bei Geltendmachung des konkreten Schadens kann also der Grundstücksbesitzer die gesamte Vermögensdifferenz vor und nach dem Eintritt der Beschädigung verlangen, soweit die Vermögenseinbuße auf die Beschädigung zurückzuführen ist [1]).

Der Anspruch auf den konkreten Schaden ist nicht dem Anspruche auf den abstrakten Schaden entgegengesetzt derart, daß dem Gruudstücksbesitzer nur der eine oder der andere zusteht; er ist vielmehr eine Erweiterung des Anspruchs auf den abstrakten Schaden, so daß der Grundstücksbesitzer jederzeit neben dem abstrakten auch noch den konkreten Schaden fordern darf. Im Prozesse kann diese Erweiterung in jedem Stadium, abgesehen natürlich von der Revisionsinstanz, vorgenommen werden; sie kann auch wieder rückgängig gemacht werden und dann von neuem

---

1) Die Streitfrage, ob Schaden eine das gesamte Vermögen treffende Einbuße oder ein den beschädigten Gegenstand treffender Nachteil ist, hat für obigen Gegensatz zwischen dem abstrakten und konkreten Schaden keine praktische Bedeutung.

aufgenommen werden, sofern nicht in der Rücknahme ein rechtsgeschäftlicher Verzicht enthalten ist. Ein Wahlrecht zwischen abstraktem und konkretem Schaden kommt also nicht in Frage.

Der Grundstücksbesitzer kann den konkreten Schaden nicht nur neben dem abstrakten Schaden begehren, sondern auch neben der Herstellung. Dies ergibt sich aus der Vorschrift des § 251 Abs. 1 Fall 2 BGB., wonach Schadensersatz neben der Herstellung verlangt werden kann, „insoweit die Herstellung zur Entschädigung des Gläubigers nicht genügend ist".

II. A. Ein konkreter Schaden liegt nur dann vor, wenn infolge der Grundstücksbeschädigung auch andere Vermögensgegenstände in Mitleidenschaft gezogen sind. Dies kann nur dann eintreten, wenn der Grundstücksbesitzer das Grundstück als einen werbenden Vermögensgegenstand benutzt, d. h. der Grundstücksbesitzer muß zur Zeit der Beschädigung das Grundstück in den Kreis seiner geschäftlichen, auf Erzielung eines Gewinnes gerichteten Tätigkeit gezogen haben. Ein konkreter Schaden kann hierbei dem Grundstücksbesitzer nur dann erwachsen, wenn er auf die Verwertung des Grundstückes sonstige Vermögensgegenstände verwandt hat (Werbungskosten) und diese nun infolge der Beschädigung nutzlos verbraucht sind, oder aber wenn er das Grundstück selbst als werbendes Kapital ansieht und nun infolge der Beschädigung nicht die Möglichkeit hat, dies werbende Kapital auszunutzen, vielmehr die für die Verwertung getroffenen Maßnahmen aufgeben muß und durch die Aufgabe dieser Maßnahmen einen Schaden erleidet. Der zuletzt genannte Fall liegt dann vor, wenn der Grundstücksbesitzer sein Grundstück veräußern oder belasten wollte, es aber infolge der Beschädigung nicht oder nicht zu den gewollten Bedingungen zu tun vermochte und nun eine Vermögenseinbuße erleidet, weil er den Kaufpreis oder die hypothekarisch zu sichernde Summe, auf die er sonst hätte rechnen können, nicht erhalten hat[1]; der erste, häufiger vor-

1) RG. in der Zeitschrift für Bergrecht, Bd. 49 S. 466.

kommende Fall liegt dann vor, wenn der Grundstücksbesitzer das Grundstück landwirtschaftlich, industriell oder als Wohnhaus benutzen will, es aber infolge der Beschädigungen nicht in ausreichendem Maße vermag und nun Schaden nicht nur durch die Beschädigung der Grundstückssubstanz, sondern auch durch den Verlust oder das Brachliegen der auf das Grundstück verwendeten Werbungskosten erleidet [1]).

B. 1. Der konkrete Schaden muß auch durch die Einwirkung des Bergbaus selbst entstanden sein; es genügt dagegen nicht, daß er durch die Fortdauer des mangelhaften Zustandes des Grundstückes hervorgerufen ist. Dies ist ein Grundsatz von größter praktischer Bedeutung, der bisher, soweit ersichtlich, weder in der Literatur noch in der Rechtsprechung beachtet worden ist. Ist z. B. die Bestellung eines bereits früher beschädigten Ackergrundstückes mit größerem Zeit- und Geldaufwand verbunden (sog. Kulturerschwerung), oder sind die Versicherungsprämien für ein Gebäude infolge der Beschädigung höher als früher festgesetzt, so kann der Grundstücksbesitzer hierfür keinen Ersatz verlangen, jedenfalls nicht unter dem Gesichtspunkte des konkreten Schadens. Denn nicht die Einwirkung des Bergbaus ist für die Vermögenseinbuße kausal, sondern die Tatsache, daß der mangelhafte Zustand noch fortbesteht. Für den Schaden, der durch den mangelhaften Zustand des Grundstückes entstanden ist, kann der Grundstücksbesitzer nur dann Schadensersatz verlangen, wenn der Bergwerksbesitzer im Verzuge ist (§ 286 Abs. 1 BGB.) [2]); diese Bestimmung wäre überflüssig und sinnlos, wenn der Bergwerksbesitzer dem Grundstücksbesitzer diesen Schaden schon als konkreten Schaden vergüten müßte. Auch aus dem Wortlaute des § 148 ABG. („vollständige" Entschädigung) kann man nicht entnehmen, daß der Gesetzgeber dem Grundstücksbesitzer einen Entschädigungsanspruch hat geben wollen, der über

---

1) Hieraus folgt ohne weiteres, daß der konkrete Schaden stets den Gebrauchswert, niemals den Tauschwert des Grundstückes mindert.

2) Vgl. unten S. 66.

den nach allgemeinen Grundsätzen üblichen hinausgeht[1]. Das Ergebnis ist also folgendes: den durch den mangelhaften Zustand des Grundstückes entstandenen Schaden kann der Grundstücksbesitzer nicht als konkreten Schaden, sondern höchstens als Verzugsschaden ersetzt erhalten; er erhält ihn also selbst dann nicht, wenn er den Bergwerksbesitzer nicht in Verzug setzen konnte, z. B. wenn er die Beschädigung weder kannte noch kennen mußte.

2. Kann der konkrete Schaden nur durch die Einwirkung des Bergbaus selbst entstehen, so ergibt sich daraus, daß das Grundstück schon zur Zeit der Einwirkung werbend benutzt sein muß; die nach diesem Zeitpunkte auf das Grundstück verwendeten Vermögensgegenstände werden eben nicht durch die Einwirkung selbst, sondern durch die Fortdauer des mangelhaften Zustandes zerstört[2]. — Besonderheiten gelten, wenn die Einwirkung des Bergbaus eine fortlaufende ist und während ihrer Dauer Vermögensstücke auf das Grundstück verwendet werden. Beruht hier die Einwirkung auf einer einheitlichen Ursache, so kann ebenfalls kein Schadensersatz begehrt werden; bei einer Einwirkung infolge verschiedener Ursachen dagegen besteht ein Ersatzanspruch insoweit, als eine Vermögensschädigung schon auf Grund der vorangegangenen Beschädigungen eingetreten sein würde.

C. Ein konkreter Schaden setzt ferner die Einbuße von Vermögensstücken voraus; nur diese werden nach der bis jetzt herrschenden Auffassung als Werbungskosten oder als werbendes Kapital angesehen, nicht aber der Mensch selbst und die menschliche Tätigkeit. Daher kann für die Verletzung eines Menschen kein Schadensersatz verlangt werden[3]. Dies gilt nicht nur bei Verletzungen des Grundstücksbesitzers

---

1) Bei der Entscheidung des RG. in Zivilsachen, Bd. 8 S. 237, welche einen derartigen Zinsanspruch als mittelbaren Schaden zuläßt, liegt eine Forderung aus unerlaubter Handlung zugrunde. Vgl. RG. in Zivilsachen, Bd. 31 S. 279.

2) Aus praktischen Gründen muß hiervon aber eine wichtige Ausnahme gemacht werden; vgl. unten S. 135 f.

3) L. G. Saarbrücken in der Zeitschrift für Bergrecht, Bd. 49 S. 178.

selbst, der z. B. bei der Bestellung seines Ackers in einen Tagesbruch fällt, sondern auch bei Verletzungen eines Dritten, z. B. eines Mieters, der durch einen infolge des Bergbaus schadhaft gewordenen Balken verletzt wird und der dann aus dem Mietsvertrage von dem Grundstücksbesitzer Entschädigung verlangt; in diesem Falle kann der Grundstücksbesitzer von dem Bergwerksbesitzer nicht Befreiung von seiner Verpflichtung zur Entschädigung des Mieters verlangen. Eine Ausdehnung der Entschädigungspflicht auch auf Verletzungen von Personen wäre zu wünschen, doch läßt sich dies nicht durch Aenderung des Berggesetzes herbeiführen, vielmehr müßte der Begriff des konkreten Schadens derart ausgedehnt werden, daß der Mensch selbst Gegenstand dieses Schadens sein kann; es läßt sich übrigens nicht verkennen, daß die Rechtsanschauungen bereits begonnen haben, sich nach dieser Richtung zu entwickeln.

III. Der konkrete Schaden kann in verschiedenen Formen auftreten: Er kann ein einmaliger, durch den Eintritt der Beschädigung in vollem Umfange entstandener sein oder ein laufender, der mit dem Eintritt der Beschädigung noch nicht abgeschlossen ist. Der laufende Schaden kann entweder ein regelmäßig wiederkehrender oder ein unregelmäßig wiederkehrender sein; ferner kann er zeitlich begrenzt sein; endlich kann er bereits in voller Höhe übersehbar oder nicht übersehbar sein. Unter diesen Alternativen sind alle denkbaren Kombinationen möglich.

Ist der Schaden in voller Höhe übersehbar, regelmäßig wiederkehrend und zeitlich unbegrenzt, so sind nach den in § 10 zu entwickelnden Regeln nicht die einzelnen Schadensbeträge, sondern eine Kapitalabfindung zu gewähren; diese beträgt gewöhnlich das Fünfundzwanzigfache des jährlichen Schadens; doch kann aus besonderen Gründen eine andere Kapitalisierung gerechtfertigt sein.

Ist der in voller Höhe und regelmäßig wiederkehrende Schaden zeitlich begrenzt, aber zur Zeit der letzten mündlichen Verhandlung noch nicht in voller Höhe eingetreten, so können auch die künftig fällig werdenden Entschädigungen in demselben Rechtsstreite gemäß § 258 ZPO. begehrt werden, jedoch kann selbstverständlich nur verlangt werden, daß die künftige Entschädigung bei Fälligkeit geleistet wird.

Sind die künftig fällig werdenden Entschädigungen unregelmäßig wiederkehrend, so kann Klage auf künftige Leistung in demselben Rechtsstreite nicht erhoben werden; es wird sich in diesem Falle die Erhebung einer Feststellungsklage im Hauptprozeß empfehlen.

Eine derartige Feststellungsklage ist auch erforderlich, wenn die Entschädigung noch nicht in voller Höhe übersehbar ist[1]). Eine Klage auf Leistung ist hier natürlich insoweit nicht möglich, als die Entschädigungsbeträge noch nicht zu übersehen sind; hier muß aber gleichwohl der Grundstücksbesitzer eine Feststellungsklage erheben, da anderenfalls eine Verjährung des Anspruchs, namentlich die kurze aus § 151 ABG., eintreten kann. Denn die Verjährung beginnt auch schon vor Fälligkeit jedes einzelnen Betrages mit dem Eintritte der Beschädigung; hat aber der Grundstücksbesitzer vor Ablauf der Verjährungsfrist eine Feststellungsklage erhoben, so kann er innerhalb 30 Jahren nach Rechtskraft des die Feststellung treffenden Urteils auf Leistung der Entschädigung klagen.

§ 8. Der Verzugsschaden.

I. Der Verzugsschaden ist wie der konkrete Schaden ein mittelbarer Schaden; er hat nicht zum Gegenstande das Grundstück selbst oder dessen Zubehör, sondern andere Vermögenswerte des Grundstücksbesitzers, welche unter der Einwirkung der Grundstücksbeschädigung ebenfalls eine Einbuße erlitten haben. Der Verzugsschaden unterscheidet sich aber dadurch von dem konkreten Schaden, daß bei ihm die anderen Vermögenswerte beschädigt sind infolge des Verzuges des Bergwerksbesitzers, während bei dem konkreten Schaden die Beschädigung mittelbar durch die Einwirkung des Bergbaus erfolgt.

1) Vgl. RG. in Zivilsachen, Bd. 21 S. 382.

Während die Forderung auf Ersatz des konkreten Schadens ein Teil des aus der Grundstücksbeschädigung erwachsenen Ersatzanspruchs ist, ist der Anspruch auf Ersatz des Verzugsschadens völlig selbständig. Er entsteht nicht schon mit der Einwirkung des Bergbaus auf das Grundstück, sondern erst mit dem Verzuge des Bergwerksbesitzers, was für den Beginn der Verjährung von Bedeutung ist. Die Abtretung des aus der Grundstückbeschädigung erwachsenen Ersatzanspruchs schließt nicht ohne weiteres auch eine Abtretung der Forderung auf Ersatz des Verzugsschadens ein, doch wird man in der Regel eine dahin gehende Absicht der Parteien unterstellen müssen, da beide Ansprüche eine wirtschaftliche Einheit bilden.

II. Voraussetzung des Anspruchs auf Ersatz des Verzugsschadens ist, daß Vermögensstücke infolge des Verzuges des Bergwerksbesitzers beschädigt werden. Dies kann dadurch geschehen, daß infolge des Verzuges des Bergwerksbesitzers der mangelhafte Zustand des Grundstückes fortdauert und infolge dieses mangelhaften Zustandes ein neuer Schaden eintritt, oder dadurch, daß der Grundstücksbesitzer durch den Verzug des Bergwerksbesitzers veranlaßt wird, seine Ansprüche gegen diesen geltend zu machen und für die Geltendmachung Kosten aufzuwenden; über den letzteren Fall wird das Nähere im prozeßrechtlichen Teil (S. 191) auszuführen sein.

In Verzug kommt der Bergwerksbesitzer durch eine Mahnung des Grundstücksbesitzers; der Mahnung steht die Erhebung der Klage oder die Zustellung eines Zahlungsbefehls gleich (§ 284 Abs. 1 BGB.). Die Mahnung ist eine einseitige empfangsbedürftige Erklärung des Grundstücksbesitzers, in welcher dieser die Herstellung des beschädigten Grundstücks oder die Zahlung von Schadensersatz verlangt. Das Begehren des Grundstücksbesitzers muß auf eine bestimmte Leistung gerichtet sein; die allgemeine Redewendung, das Grundstück sei durch den Bergbau beschädigt worden und der Bergwerksbesitzer müsse ihm den Schaden ersetzen, genügt nicht. — Der Bergwerksbesitzer kommt in Verzug mit dem Zugang der Mahnung bzw. der Zustellung der

Klage; es wird nicht etwa dem Bergwerksbesitzer noch eine angemessene Frist bewilligt, innerhalb deren er die Herstellung vorzunehmen bzw. Schadensersatz zu leisten hat.

III. A. Die Entschädigung für den Verzugsschaden kann objektiv und subjektiv berechnet werden. Eine objektive Berechnung ist allerdings nur bei einer Geldschuld möglich; diese hat dann der Bergwerksbesitzer auf Grund ausdrücklicher Bestimmung mit 4 Prozent zu verzinsen (§ 288 Abs. 1 BGB.). Im übrigen kann die Entschädigung nur subjektiv berechnet werden. Soweit eine Berechnung sowohl nach objektivem als auch nach subjektivem Maßstabe möglich ist, geschieht sie nicht wahlweise, wie bei der Entschädigung für den eigentlichen Bergschaden, sondern der Grundstücksbesitzer kann die objektive Entschädigung von 4 Prozent Zinsen verlangen und daneben noch seinen weiteren, subjektiv zu berechnenden Schaden geltend machen; diese Form der Geltendmachung ergibt sich aus dem Wortlaute des § 288 Abs. 2 BGB.: „die Geltendmachung eines weiteren Schadens ist nicht ausgeschlossen." Die Erweiterung der objektiven Berechnung um den höheren subjektiven Schaden ist keine Klageänderung und kann in jedem Stadium des Rechtsstreites, abgesehen von der Revisionsinstanz, geltend gemacht werden.

B. Der Ersatz des Verzugsschadens kann nicht nur neben dem Anspruch auf Herstellung und neben der Forderung auf Ersatz des Gebrauchswertes, sondern auch neben der Forderung auf Ersatz des Tauschwertes verlangt werden. Hierdurch unterscheidet er sich ebenfalls von dem konkreten Schaden, der durch Gebrauchsminderung entstanden ist, infolgedessen eine Einbuße des Gebrauchswertes darstellt und nicht neben dem Ersatz des Tauschwertes begehrt werden kann. Denn der konkrete Schaden ist ein Teil der durch die Einwirkung des Bergbaus eingetretenen Beschädigung und kann mit dieser nur nach einem einheitlichen Maßstabe berechnet werden; der Verzugsschaden ist hingegen ein selbständiger Schaden und kann nach dem Gebrauchswerte berechnet werden, während der übrige Schaden nach dem Tauschwerte berechnet wird.

Trotz dieser Möglichkeit, den Verzugsschaden in anderer Weise zu berechnen als den übrigen Schaden, wird auch er fast stets nach dem Tauschwerte berechnet, wenn der übrige Schaden nach dem Tauschwerte berechnet wird. Die Berechnung des Verzugsschadens nach dem Tauschwerte besteht in der Forderung auf die vierprozentige Verzinsung, die von dem Verkehre als feststehende Tatsache angenommen wird und damit die Bedeutung eines Tauschwertes erhalten hat. Der Grundstücksbesitzer begnügt sich in der Regel mit ihr, sofern er auch den übrigen Schaden nach dem Tauschwerte berechnet; denn der Ersatz des Tauschwertes wird gewöhnlich nur dann begehrt, wenn das Grundstück nicht oder nicht in wesentlichem Maße werbend benutzt wird, und in diesem Falle ist auch selten ein die vierprozentige Verzinsung übersteigender Verzugsschaden entstanden. Der Verzugsschaden wird auch häufig neben dem Herstellungsanspruch geltend gemacht. Dieses Nebeneinanderstehen beider Ansprüche braucht nicht, wie bei der Herstellung und dem konkreten Schaden, auf § 251 Abs. 1 BGB. gestützt zu werden, da es sich um zwei voneinander unabhängige Ansprüche handelt.

C. Wie der konkrete Schaden so kann auch der Verzugsschaden, sofern er subjektiv berechnet wird, in der Einbuße der verschiedenartigsten Vermögenswerte bestehen, die der Grundbesitzer für die Benutzung seines Grundstückes zu landwirtschaftlichen, industriellen oder Wohnzwecken verwendet hat. Ueberhaupt ist die wirtschaftliche Aehnlichkeit des konkreten Schadens und des subjektiv berechneten Verzugsschadens nicht zu verkennen; dies hindert aber nicht, daß beide Arten des Schadens in rechtlicher Beziehung scharf voneinander zu trennen sind.

Gegenstand des Verzugsschadens kann auch ein entgangener Gewinn sein; weist der Grundstücksbesitzer nach, daß er bei rechtzeitiger Herstellung bzw. rechtzeitiger Leistung des Schadensersatzes einen Gewinn erzielt haben würde, der ihm nun entgangen ist, so kann er Ersatz dieses entgangenen Gewinnes als Verzugsschaden verlangen.

D. Eine Eigentümlichkeit des Anspruchs auf Ersatz des Verzugsschadens ist, daß er meist in der Form eines

Zinsanspruchs, also eines Nebenanspruchs im prozessualen Sinne, auftritt. Dies hindert aber nicht, daß er in materiellem Sinne ein selbständiger Anspruch ist, was namentlich dann zum Ausdruck kommt, wenn er nicht in der Form eines prozessualen Nebenanspruchs erscheint.

§ 9. Der entgangene Gewinn.

I. Der Grundstücksbesitzer kann von dem Bergwerksbesitzer auch Ersatz des entgangenen Gewinnes verlangen. Dieser Gewinn kann nur nach dem subjektiven Maßstabe berechnet werden [1]) und gehört zum Gebrauchs-, nicht zum Tauschwerte des Grundstücks; denn durch den Gebrauch des Grundstückes wird der Gewinn erzielt, durch den Nichtgebrauch entgeht er dem Grundstücksbesitzer. Darin, daß der entgangene Gewinn nur dem Gebrauchswerte hinzugerechnet werden darf, liegt aber kein Vorteil der Berechnung nach dem Gebrauchswerte; denn insoweit ein derartiger Gewinn von jedem Grundstücksbesitzer erzielt werden würde, ist er bereits im Verkehr eskomptiert und kommt in der Höhe des Tauschwertes zum Ausdruck; nur insoweit der dem Grundstücksbesitzer entgangene Gewinn den normalen überschreitet, ist für ihn die Berechnung nach dem Gebrauchswerte von Vorteil; wir sehen auch hier wieder die Richtigkeit des Grundsatzes: Benutzt der Grundstücksbesitzer das Grundstück als werbendes Kapital und erzielt er aus ihm einen hohen Gewinn, so wählt er zweckmäßigerweise die subjektive Berechnung nach dem Gebrauchswerte; benutzt er dagegen das Grundstück nur als Spekulationsobjekt, so ist für ihn die Berechnung nach dem Tauschwerte und nach objektivem Maßstabe vorteilhafter, es sei denn, daß die Wertsteigerung auf die Tätigkeit des beklagten Bergwerksbesitzers zurückzuführen ist.

---

1) Anderer Auffassung in der Begründung RG. Bd. 68 S. 165; die Entscheidung selbst ist zutreffend, nur verlangt der Kläger überhaupt nicht den entgangenen Gewinn, wie das RG. meint, sondern den Ersatz des Tauschwertes. — Zutreffend Fischer, Der Schaden nach dem BGB., S. 55.

II. A. Der entgangene Gewinn hat mit dem konkreten Schaden gemeinsam, daß er nach subjektivem Maßstabe berechnet wird und als Teil des Gebrauchswertes gilt; beide Ansprüche setzen auch in gleicher Weise die Benutzung des Grundstückes als werbenden Vermögensgegenstandes voraus. Beide unterscheiden sich aber in folgenden Punkten: Der konkrete Schaden entsteht dadurch, daß bereits vorhandene werbende Werte infolge der Beschädigung vernichtet werden, der entgangene Gewinn jedoch dadurch, daß zu werbende Werte infolge der Beschädigung nicht zur Enstehung gelangen; bei dem konkreten Schaden geht also bereits Vorhandenes zugrunde, er ist also ein damnum emergens; bei dem entgangenen Gewinn dagegen kommt Erwartetes nicht zur Entstehung. Der konkrete Schaden entsteht bereits im Augenblicke der Einwirkung des Bergbaus, wenn er sich auch unter Umständen über einen längeren Zeitraum erstreckt, ein Gewinn dagegen kann niemals im Augenblicke der Einwirkung entgehen, wenn auch möglicherweise sein künftiges Ausbleiben schon zu diesem Zeitpunkt gewiß ist. Auch an dies künftige Ausbleiben des entgangenen Gewinnes können sich noch weitere für den Grundstücksbesitzer schädliche Folgen anknüpfen, die eine Art von konkretem Schaden bilden; diese kann aber der Grundstücksbesitzer nicht ersetzt verlangen, weil dieser Schaden nicht zur Zeit der Einwirkung des Bergbaus, sondern erst später eintritt, jeder konkrete Schaden aber bereits in diesem Zeitpunkte entstanden sein muß. Also: Zwar der entgangene Gewinn, aber nicht seine mittelbaren Folgen sind dem Grundstücksbesitzer zu ersetzen. — Selbstverständlich können der eigentliche konkrete Schaden und der entgangene Gewinn nebeneinander geltend gemacht werden. Wie der konkrete Schaden so kann auch der entgangene Gewinn noch in jedem Stadium des Rechtsstreites, abgesehen von der Revisionsinstanz, gefordert werden; die Erweiterung der Klage um den Anspruch auf entgangenen Gewinn enthält keine Klageänderung.

B. Als entgangen gilt der Gewinn, welcher nach dem gewöhnlichen Lauf der Dinge oder nach den besonderen

Umständen, insbesondere nach den getroffenen Anstalten und Vorkehrungen, mit Wahrscheinlichkeit erwartet werden kann (§ 252 Satz 2 BGB.). Maßgebend ist also die objektive Wahrscheinlichkeit; unerheblich ist, ob der Grundstücksbesitzer optimistisch einen größeren oder pessimistisch einen geringeren Gewinn voraussieht. Ausgangspunkt dieser Wahrscheinlichkeitsbetrachtung ist nicht nur die Sachlage im allgemeinen, sondern auch die besonderen Umstände des einzelnen Falles.

1. Streitig ist, in welchem Stadium eine Wahrscheinlichkeit vorliegen muß, um den Gewinn als entgangen anzusehen; nach einer Ansicht [1]) muß die Wahrscheinlichkeit bereits bei Eintritt der Beschädigung bestehen, nach einer anderen [2]) ist der Zeitpunkt der letzten mündlichen Verhandlung maßgebend, nach einer dritten [3]) endlich kann der Richter den dem Grundstücksbesitzer günstigsten Zeitpunkt zwischen Beschädigung und letzter mündlichen Verhandlung zugrunde legen. Zutreffend ist die zweite, in Literatur und Praxis herrschende Ansicht; der Anspruch auf den entgangenen Gewinn beruht lediglich auf einer Wahrscheinlichkeit, während das Gesetz sonst für jeden Anspruch Gewißheit verlangt; der Gesetzgeber hat sich hier mit der Wahrscheinlichkeit begnügt, weil Gewißheit in den meisten Fällen überhaupt nicht zu erlangen ist, andererseits aber dem Grundstücksbesitzer ein Ersatzanspruch gegeben werden mußte; um diesen Zwiespalt aber möglichst zu vermeiden, liegt es in der Absicht des Gesetzes, denjenigen Zeitpunkt der Berechnung zugrunde zu legen, in welchem sich die Wahrscheinlichkeit der Gewißheit am meisten angenähert hat. Dies ist der Zeitpunkt der letzten mündlichen Verhandlung; denn je weiter der Zeitpunkt hinausgerückt ist, um so besser lassen sich die Aussichten auf den entgangenen Gewinn beurteilen.

2. Durchaus verschieden von der Frage, welcher Zeitpunkt für die Wahrscheinlichkeit maßgebend ist, ist die oft mit ihr verwechselte Frage, welcher Zeitpunkt für die

---

1) Staudinger, Anm. 3 zu § 252.

2) Rechtsprechung der Oberlandesgerichte, Bd. 4 S. 214; RG. in der Juristischen Wochenschrift, 1907, S. 828 No. 4; Dernburg, Bd. 2 S. 70 ff.

3) Enneccerus, Bd. 2 S. 407 ff.

Höhe des entgangenen Gewinnes maßgebend ist. Wenn für die Wahrscheinlichkeit der Zeitpunkt der letzten mündlichen Verhandlung entscheidend ist, so ist damit keineswegs gesagt, daß dem Grundstücksbesitzer derjenige Gewinn entgangen ist, der zur Zeit der letzten mündlichen Verhandlung bestanden haben würde; im Gegenteil kann es gerade in diesem Zeitpunkte wahrscheinlich oder gar gewiß sein, daß ein früherer Zeitpunkt für die Höhe des entgangenen Gewinnes maßgebend sein muß, weil nämlich der Grundstücksbesitzer den Gewinn schon in diesem früheren Zeitpunkte realisiert und das Grundstück von diesem Zeitpunkte an nicht mehr werbend benutzt haben würde. Die Frage nach der Höhe des entgangenen Gewinnes ist daher stets so zu stellen: Wann würde der Grundstücksbesitzer seinen Gewinn realisiert haben? Diese Frage ist nach den Umständen des einzelnen Falles auf Grund freier Beweiswürdigung zu beantworten. Bei Grundstücksspekulanten wird man im allgemeinen annehmen, daß sie einen größeren Gewinn baldmöglichst realisieren, bei ansässigen Landwirten und Hausbesitzern dagegen wird die Vermutung dafür sprechen, daß sie ihr Grundstück auch ohne Beschädigung nicht bis zur letzten mündlichen Verhandlung verkauft haben würden; im ersteren Falle wird dann der Gewinn, der in dem mutmaßlichen Zeitpunkte der Realisierung erzielt sein würde, zuzubilligen sein, im letzteren Falle ist derjenige Gewinn als entgangen anzusehen, der zur Zeit der letzten mündlichen Verhandlung erzielt sein würde; an Stelle des zur Zeit der letzten mündlichen Verhandlung erzielten Gewinnes muß ein künftiger (höherer oder niedrigerer) Gewinn zugrunde gelegt werden, sofern sich die künftige Entwicklung des Gewinnes zur Zeit der letzten mündlichen Verhandlung schon mit Wahrscheinlichkeit voraussehen läßt. Unzulässig ist es jedenfalls, ohne weiteres den dem Grundstücksbesitzer günstigsten Augenblick als den Zeitpunkt anzusehen, in dem er seinen Gewinn sichergestellt haben würde.

III. A. Endlich ist noch ein Punkt zu erwähnen, der die erheblichste praktische Bedeutung hat: es ist dies die Verzinsung des entgangenen Gewinnes. Zinsen können zwar auch von dem entgangenen Gewinn verlangt werden, aber doch erst von dem Zeitpunkte an, in welchem er dem Grundstücksbesitzer wirklich entgangen ist, der Schaden also durch Nichterzielung des Gewinnes entstanden ist. Dies sollte juristisch und logisch selbstverständlich sein, wird aber in der Praxis fast stets übersehen, indem Zinsen von dem entgangenen Gewinne seit Klagezustellung begehrt und auch zugebilligt werden. Der materielle Unterschied kann natürlich ein ganz erheblicher sein, wenn der Gewinn erst lange Zeit nach der Klageerhebung erzielt sein würde. Aus dieser Regelung der Verzinsung folgt auch, daß der Grundstücksbesitzer im allgemeinen kein großes Interesse haben wird, den Zeitpunkt, in welchem er den Gewinn erzielt haben würde, als möglichst spätliegend hinzustellen; denn wenn auch in einem späteren Zeitpunkte sein Gewinn größer sein würde, so fällt doch andererseits die Verzinsung für die Zwischenzeit fort. An der Späterlegung des Zeitpunktes hat also der Grundstücksbesitzer nur dann ein Interesse, wenn der spätere Gewinn den früheren einschließlich der aufgelaufenen Zinsen übersteigt; umgekehrt kann der Bergwerksbesitzer ein Interesse, den Zeitpunkt für die Berechnung des Gewinnes später anzusetzen, auch dann haben, wenn der spätere Gewinn den früheren zwar übersteigt, aber nicht den Betrag des früheren Gewinnes einschließlich der aufgelaufenen Zinsen erreicht.

B. Entsprechendes gilt dann, wenn der Gewinn erst nach der letzten mündlichen Verhandlung erzielt sein würde; in diesem Falle würde es aber dem Interesse des Bergwerksbesitzers nicht entsprechen, dem Grundstücksbesitzer erst die Zinsen von dem in der Zukunft liegenden Zeitpunkte an zuzubilligen, da der Grundstücksbesitzer das Urteil schon vorher vollstrecken lassen könnte; andererseits kann der Grundstücksbesitzer sofortige Zahlung des entgangenen Gewinnes, nicht etwa erst Zahlung in dem künftigen Zeitpunkte beanspruchen. Der allein richtige Weg ist vielmehr, den gegenwärtigen Wert des künftigen entgangenen Gewinnes zu ermitteln; zu diesem Zwecke vermindert man, analog der Vorschrift des § 65 der Konkursordnung, den entgangenen Gewinn auf den Betrag, welcher mit Hinzurechnung von 4 Prozent Zinsen von der letzten mündlichen Verhandlung bis zu dem Zeitpunkte des entgangenen Gewinnes dem vollen Betrage gleichkommt (sog. Hoffmannsche Methode). Diese durch den Abzug der Zwischenzinsen ermittelte Summe ist dann von dem Zeitpunkte der letzten mündlichen Verhandlung an zu verzinsen.

§ 10. Kapitalsabfindung und Rente.

I. Nicht selten ist der durch die Einwirkung des Bergbaus entstandene Schaden ein regelmäßig wiederkehrender; ein solcher liegt insbesondere dann vor, wenn durch den Bergbau eine bestimmte Eigenschaft des Grundstückes z. B. die Wasserhaltigkeit oder die mangelnde Wasserhaltigkeit, zerstört wird und zum Ersatze dieser Eigenschaft regelmäßig wiederkehrende Beträge aufgewendet werden müssen; auch als konkreter Schaden können derartige regelmäßig wiederkehrende Beträge gefordert werden, wenn z. B. infolge der Grundstücksbeschädigung eine Hypothek nur zu höherem Zinsfuß hat aufgenommen werden können.

Sind diese regelmäßig wiederkehrenden Beträge nur vorübergehend zu zahlen, so sind sie als Rentenbeträge an den Fälligkeitsterminen zu entrichten. Eine Klage auf künftige Leistung ist auch schon vor Fälligkeit auf Grund des § 258 ZPO. zulässig.

Sind dagegen die regelmäßig wiederkehrenden Beträge dauernd zu zahlen, so sind sie nicht als Renten, sondern als Kapitalsabfindung zu entrichten. Dies hat das Reichsgericht in einer ausführlichen Entscheidung (abgedruckt Bd. 45 S. 203) auf Grund älterer Gesetzesbestimmungen und einer ständigen Rechtsprechung ausgeführt[1]; wenn sich auch in dem jetzt geltenden Gesetzbuche keine diesbezüglichen Vorschriften hierüber finden, so wird man doch auch für das heutige Recht zu demselben Ergebnisse gelangen müssen. Nicht ganz zutreffend erscheint allerdings die Ausführung des

---

1) Vgl. auch RG. in Zivilsachen, Bd. 45 S. 266; ferner RG. in der Zeitschrift für Bergrecht, Bd. 52 S. 521.

Reichsgerichts, daß bei dauernden Schäden nicht nur die Erträgnisse gemindert, sondern auch die Substanz beschädigt ist; die Substanz kann vielmehr auch bei vorübergehenden Schäden gemindert sein. Entscheidend ist vielmehr die rechtspolitische Erwägung, Verbindlichkeiten zwischen Parteien nicht für alle Zeiten zu schaffen, sondern durch eine einmalige außerordentliche Entschädigung zu erledigen. Diese außerordentliche Entschädigung, die Kapitalsabfindung, muß eine solche Höhe haben, daß sie wirtschaftlich denselben Wert wie die für alle Zeiten zu gewährende Rente hat.

Diese Kapitalsabfindung dem jetzigen Werte sämtlicher Rentenbeträge anzupassen, ist Sache der freien richterlichen Beweiswürdigung. Gewöhnlich wird in solchen Fällen angenommen, daß der Grundstücksbesitzer sein Geld mit 4 Prozent verzinsen könnte; in diesem Falle würde der fünfundzwanzigfache Betrag seines jährlichen Schadens als Kapitalsabfindung ausreichen, weil die Zinsen dieses Betrages den Schaden decken [1]. Gegen diese Art der Berechnung ist nichts einzuwenden, doch wird unter Umständen eine andere Kapitalisierung des jährlichen Schadens erforderlich sein, wenn der Grundstücksbesitzer sein Geld zu einem anderen (höheren oder niedrigeren) Zinsfuße verzinsen könnte. Unter Umständen wird auch die Frage Schwierigkeiten bereiten, von welchem Betrage die Kapitalisierung zu erfolgen hat; diese Frage hat dann Bedeutung, wenn zwar der Schaden selbst regelmäßig wiederkehrt, seine Höhe aber schwankt. Auch hier entscheidet das Gericht nach freier richterlicher Ueberzeugung; es muß hierbei in Erwägung ziehen, daß die Höhe des Schadens, wie z. B. der Wasserverbrauch im Falle der Wasserentziehung, gewöhnlich eine steigende Tendenz hat [2], und muß infolgedessen nicht nur die Höhe des Schadens im Zeitpunkte der Einwirkung des Bergbaus, sondern auch

1) RG. in der Zeitschrift für Bergrecht, Bd. 33 S. 405; OLG. Hamm in der Zeitschrift für Bergrecht, Bd. 40 S. 91; Westhoff, Bd. 1 S. 153; Klostermann, S. 417.

2) Bisweilen aber auch eine fallende; vgl. OLG. Hamm in der Zeitschrift für Bergrecht, Bd. 40 S. 91.

seine tatsächliche oder voraussichtliche Entwicklung nach diesem Zeitpunkte berücksichtigen.

Keine Kapitalsabfindung, sondern einzelne Rentenbeträge sind zu zahlen, wenn die Dauer der regelmäßig wiederkehrenden Schäden zwar ungewiß, ihr Ende aber gewiß ist; dies ist z. B. der Fall bei Schäden, die der Nießbraucher eines Grundstückes erleidet. Hier kommt die für die Kapitalsabfindung entscheidende Erwägung, daß Verbindlichkeiten zwischen den Parteien nicht für alle Zeiten geschaffen werden sollen, nicht in Betracht.

II. Zwischen Kapitalsabfindung und Rente besteht kein Wahlrecht, sondern die Kapitalsabfindung tritt dann ein, wenn ihre gesetzlichen Voraussetzungen vorliegen. Selbstverständlich steht es den Parteien frei, die Zahlung einer Kapitalsabfindung an Stelle der Rente oder umgekehrt zu vereinbaren; eine derartige Vereinbarung liegt aber noch nicht dann vor, wenn der Bergwerksbesitzer dem Begehren des Grundstücksbesitzers, der irrigerweise Kapitalsabfindung statt Rente oder Rente statt Kapitalsabfindung fordert, nicht unverzüglich widerspricht [1]). Entscheidend für den Zeitpunkt, in welchem die gesetzlichen Voraussetzungen für die Entschädigung durch Kapitalsabfindung vorliegen müssen, ist die letzte mündliche Verhandlung; es ist also stets zu prüfen, ob in diesem Zeitpunkte anzunehmen ist, daß die wiederkehrenden Beträge dauernd entrichtet werden müßten; ob in einem früheren Stadium des Prozesses die Frage anders hätte beantwortet werden müssen, ist für die Entscheidung in der Hauptsache wie im Kostenpunkte unbeachtlich.

Der Grundstücksbesitzer, der irrtümlicherweise Kapitalsabfindung statt Rente oder umgekehrt verlangt, muß gemäß § 139 ZPO. auf diesen Mangel hingewiesen werden; leistet er der Aufforderung, seinen Klageantrag zu ändern, keine Folge, so muß die Klage abgewiesen werden.

III. A. Die **Fälligkeit der Entschädigung** hat für die Frage, ob Kapitalsabfindung oder Rente gezahlt werden

1) RG. in Zivilsachen, Bd. 45 S. 203 ff.

muß, keine Bedeutung. Unrichtig ist daher die im Bezirke des Oberlandesgerichts Hamm vielfach übliche Berechnung, die bereits fälligen wiederkehrenden Beträge als Rente und für die zukünftigen Beträge eine Kapitalsabfindung zu gewähren [1]). Hierbei wird nicht berücksichtigt, daß der Schaden ein einheitlicher ist und ein einheitlicher Schaden auch nur einheitlich abgegolten werden kann. Richtig ist vielmehr nur, eine einheitliche Kapitalsabfindung zu gewähren und diese nach der Höhe des Schadens zur Zeit der Einwirkung des Bergbaus unter Berücksichtigung seiner späteren Entwicklung zu berechnen.

B. Auch für die Verzinsung ist die Fälligkeit der Entschädigung ohne Bedeutung. Die einzelnen Rentenbeträge werden nicht von ihrer Fälligkeit an, sondern erst seit einer Mahnung des Grundstücksbesitzers oder seit Klageerhebung verzinst. Aber auch die Kapitalsentschädigung ist erst seit dem Zeitpunkte zu verzinsen, in dem der Bergwerksbesitzer in Verzug gerät. Dies hat große praktische Bedeutung für diejenigen nicht seltenen Fälle, in denen die Klage erst viele Jahre nach Eintritt des Schadens erhoben wird, weil die Schadensursache erst zu dieser Zeit feststeht; bei Wasserentziehungen bilden sogar diese späten Klageerhebungen die Regel. In diesem Falle erleidet der Grundstücksbesitzer durch die Kapitalisierung erhebliche Nachteile; denn er verliert die Zinsen zwischen Eintritt das Schadens und Klageerhebung, die ihm sonst in Form von Renten zugesprochen worden wären [2]). Die Zinsen zwischen Eintritt

1) RG. in Zivilsachen, Bd. 45 S. 266.

2) Unrichtig RG. in der Zeitschrift für Bergrecht, Bd. 41 S. 233, welches neben der Kapitalsabfindung noch eine Rente für diejenigen Jahre zubilligt, in denen es noch nicht feststand, daß der Schaden ein dauernder sein würde; diese Auffassung ist mit der Einheitlichkeit des Schadens nicht vereinbar. Tatsächlich scheint der zu entscheidende Fall (vgl. den Tatbestand in der früheren Entscheidung desselben Rechtsstreites, Zeitschrift für Bergrecht, Bd. 40 S. 74) allerdings so gelegen haben, daß durch eine frühere Einwirkung des Bergbaus eine vorübergehende und durch eine spätere Einwirkung ein dauernder Verlust der Bebauungsfähigkeit des Grundstückes hervorgerufen ist; in diesem Falle wäre die Entscheidung selbst zutreffend und nur die Begründung unrichtig.

des Schadens und Klageerhebung können dem Grundstücksbesitzer auch nicht als mittelbarer Schaden gewährt werden, wie dies das Oberlandesgericht Hamm in einer meines Wissens nicht veröffentlichten Entscheidung getan hat; denn der Schaden ist nicht durch die Einwirkung des Bergbaus, sondern infolge verspäteter Geltendmachung entstanden, und ihn muß der Grundstücksbesitzer auch dann tragen, wenn ihn kein Verschulden an der Verzögerung trifft; außerdem ist ein Zinsanspruch nur in den ausdrücklich vom Gesetze bestimmten Fällen gegeben. Die unzutreffende Entscheidung des Oberlandesgerichts, über deren Zustandekommen der Verfasser dieses Buches unterrichtet ist, ist wesentlich dadurch beeinflußt worden, daß das Gericht sich nicht von dem Gedanken freimachen konnte, daß dem Grundstücksbesitzer für die Vergangenheit die Entschädigung in Form einer Rente zu zahlen sei und die Kapitalsabfindung nur eine Entschädigung für die Zukunft darstelle. — Im übrigen kommt die Tatsache, daß in bezug auf die Verzinsung der Grundstücksbesitzer bei der Kapitalsabfindung nicht dieselben Beträge erhält wie bei einer Rente, auch darin zum Ausdrucke, daß die einzelnen fälligen Rentenbeträge seit Mahnung oder Klageerhebung verzinst werden, während bei einer Kapitalsabfindung infolge des Zinseszinsverbotes diese Werte nicht vergütet werden. Eine Aenderung vorstehenden Ergebnisses, so bedauerlich es für den Grundstücksbesitzer sein mag, wäre nicht einmal de lege ferenda erwünscht, da hierdurch der Grundsatz durchbrochen würde, daß jede Verbindlichkeit, abgesehen von solchen aus unerlaubter Handlung, erst vom Zeitpunkte ihrer Geltendmachung verzinst zu werden braucht.

IV. Zweifelhaft ist, ob zum Streite über den Grund oder über den Betrag des Anspruchs die Entscheidung der Frage gehört, welche Form der Entschädigung, Kapitalsabfindung oder Rente, dem Grundstücksbesitzer zu gewähren ist. Nimmt man an, daß die Kapitalsabfindung deswegen gezahlt wird, weil bei wiederkehrenden Leistungen nicht nur die Erträgnisse gemindert, sondern auch die Grundstückssubstanz beschädigt wird, so wird man die Entscheidung schon im Streit über den Grund des Anspruchs treffen; denn die Schädigung der Substanz ist ihrem Wesen nach verschieden von der Schädigung der Erträgnisse. Folgt man dagegen der hier vertretenen Auffassung, daß die Kapitalsabfindung nur auf der rechtspolitischen Erwägung beruht, Verbindlichkeiten der Parteien für alle Zeiten auszuschließen, so braucht die Entscheidung erst bei dem Streit über die Höhe des Schadens getroffen zu werden; denn die Frage, ob der Schaden vorübergehend oder dauernd ist, ob er regelmäßig oder unregelmäßig wiederkehrt, bezieht sich nur auf den Betrag des zu ersetzenden Schadens, ohne seine rechtliche Natur zu verändern; der Rechtssatz, daß in gewissen Fällen Kapitalsentschädigung statt Rente zu gewähren ist, verändert das Wesen des Anspruchs nicht. — Die zuletzt vertretene Auffassung ist nicht nur aus theoretischen Gründen vorzuziehen, sondern sie führt auch zu praktisch besseren Ergebnissen; der Grundstücksbesitzer braucht sich beim Streit über den Grund des Anspruchs noch nicht darauf festzulegen, ob er Kapitalsabfindung oder Rente verlangt, sondern kann sich zunächst mit seiner Forderung auf „Ersatz des Schadens" begnügen; die Frage, ob die Voraussetzungen für eine Kapitalsabfindung vorliegen, läßt sich auch besser bei dem Streit über den Betrag des Schadens erledigen; drittens endlich ist es auch zweckmäßig, die Entscheidung der Frage, ob der Schaden vorübergehend oder dauernd ist, ob er regelmäßig oder unregelmäßig wiederkehrt, so weit wie möglich hinauszuschieben, da mit jeder Verschiebung die Wahrscheinlichkeit wächst, eine zutreffende Entscheidung zu finden; es ist daher die letzte mündliche Verhandlung des ganzen Prozesses ein geeigneterer Zeitpunkt für die Entscheidung als die letzte mündliche Verhandlung beim Streit über den Grund des Anspruches.

Ein wesentlicher Unterschied zwischen Kapitalsabfindung und Rente besteht auch in dem Falle, daß nach rechtskräftiger Entscheidung des Prozesses eine Aenderung der Verhältnisse eintritt: Ist eine Rente zugesprochen, so kann jeder Teil Abänderung des Urteils bezüglich der künftig fällig werdenden Rentenbeträge verlangen (§ 323 ZPO.); bei der Gewährung einer Kapitalsabfindung ist dagegen die Abänderung des Urteils nicht zulässig, weil die Kapitalsabfindung gerade die endgültige Auseinandersetzung der Parteien bezweckt.

§ 11. Der Anspruch aus unerlaubter Handlung.

I. Außer dem auf § 148 ABG. beruhenden Entschädigungsanspruche steht dem Grundstücksbesitzer bisweilen auch ein Anspruch aus unerlaubter Handlung gegen den Bergwerksbesitzer zu. Beide Ansprüche können nebeneinander geltend gemacht werden, doch kann ein Anspruch aus unerlaubter Handlung auch in denjenigen Fällen gegeben sein, in denen die Voraussetzungen des § 148 ABG. nicht vorliegen. Treffen die Ansprüche aus § 148 ABG. und aus unerlaubter Handlung zusammen, so wird der Grundstücksbesitzer den Entschädigungsanspruch auf Grund des letzteren Anspruchs berechnen, weil seine Rechte bei diesem Anspruche die weitergehenden sind.

II. Voraussetzung des Anspruchs aus unerlaubter Handlung ist, daß der Bergwerksbesitzer das Eigentum oder ein sonstiges Recht des Grundstücksbesitzers vorsätzlich oder fahrlässig rechtswidrig verletzt (§ 823 Abs. 1 BGB.)[1]. Die Verletzung des Eigentums oder eines sonstigen Rechtes liegt bei Bergbauschäden stets vor, da Gegenstand der Beschädigung stets das Grundstück oder sein Zubehör ist, an welchem das Eigentum und sonstige dingliche Rechte bestehen; zu den durch § 823 Abs. 1 BGB. geschützten „sonstigen Rechten" gehört auch der Besitz, und zwar, wie besonders hervorgehoben sei, auch der Besitz des Mieters und Pächters. — Die praktisch bedeutsamste Voraussetzung des Anspruchs aus unerlaubter Handlung ist das Vorhandensein von Vorsatz oder Fahrlässigkeit auf Seiten des Bergwerksbesitzers; den schwierigen Nachweis,

---

1) Die anderen Fälle des Anspruchs aus unerlaubter Handlung kommen bei Bergbauschäden praktisch nicht in Betracht.

daß diese Voraussetzung vorliegt, hat der Grundstücksbesitzer zu erbringen. Endlich muß die Beschädigung eine rechtswidrige sein d. h. der Bergwerksbesitzer darf nicht berechtigt sein, das Grundstück zu beschädigen. Eine derartige Rechtswidrigkeit ist meist vorhanden, wenn der Bergwerksbesitzer vorsätzlich oder fahrlässig handelt, doch kommen zahlreiche Ausnahmen vor, z. B. der Bergwerksbesitzer, dessen Aufbereitungsanlage von der Bergbau- oder Gewerbepolizeibehörde genehmigt ist, weiß oder muß wissen, daß durch den Betrieb seiner Anlage ein Grundstück beschädigt wird; gleichwohl handelt er nicht rechtswidrig, weil der Schaden nur infolge des Betriebes einer vom Staate genehmigten Anlage entstanden ist; ebenso ist auch der wichtige Fall zu beurteilen, daß der Bergwerksbesitzer weiß oder wissen muß, daß durch den Betrieb seines Bergwerkes ein Grundstück beschädigt wird; er beschädigt hier zwar das Grundstück vorsätzlich oder fahrlässig, aber nicht rechtswidrig, da der Bergbau eine erlaubte Handlung ist.

III. Die Entschädigung ist bei dem Anspruch aus unerlaubter Handlung nur insofern anders als bei dem Anspruch aus § 148 ABG. zu berechnen, als bei ihm die Zinsen seit dem Zeitpunkte zu vergüten sind, welcher der Bestimmung des Wertes zugrunde liegt (§ 849 BGB.). Es wird also der durch den mangelhaften Zustand der beschädigten Sache entstandene Schaden auch ersetzt, soweit der Bergwerksbesitzer nicht im Verzuge war. Dieser Schadensersatz ist nach objektivem Maßstabe auf 4 Prozent des beschädigten Wertes jährlich festgesetzt. Eine subjektive Berechnung ist ausgeschlossen; weder kann der Grundstücksbesitzer mehr verlangen gegen den Nachweis, daß sein Schaden ein größerer war, noch darf der Bergwerksbesitzer sich darauf berufen, daß der Schaden geringer war. Da diese nach objektivem Maßstabe berechnete Entschädigung auf einer besonderen Vorschrift beruht, so steht nichts entgegen, den in dieser Weise objektiv berechneten Schaden auch dann zuzubilligen, wenn im übrigen die Berechnung nach dem subjektiven Maßstabe erfolgt.

§ 12. Künstliche Steigerung und Minderung des Entschädigungsanspruchs.

I. A. Nicht immer wird dem Grundstücksbesitzer durch die Entschädigung dasjenige gewährt, was er gehabt hätte, wenn der Bergbau auf sein Grundstück nicht eingewirkt hätte. Er kann Herstellung eines neuen Gegenstandes oder Zahlung des entsprechenden Geldbetrages verlangen, auch wenn der beschädigte Gegenstand bereits abgenutzt war, sofern eine Herstellung des abgenutzten Gegenstandes nicht möglich ist; er kann ferner Ersatz seines Schadens auf Grund objektiver Berechnung fordern, auch wenn sein tatsächlicher Schaden geringer war. In beiden Fällen muß der Bergwerksbesitzer die Entschädigung leisten, ohne daß ihm etwa der Einwand der ungerechtfertigten Bereicherung zusteht [1]. Umgekehrt kann der Grundstücksbesitzer den durch den mangelhaften Zustand der beschädigten Sache erlittenen Schaden an anderen Vermögensgegenständen nicht ersetzt verlangen, sofern der Bergwerksbesitzer nicht in Verzug ist; ein Schadensersatzanspruch besteht selbst dann nicht, wenn der Grundstücksbesitzer den Bergwerksbesitzer den Umständen nach nicht früher in Verzug setzen konnte.

B. In allen diesen Fällen ist die Sachlage freilich anders zu beurteilen, wenn der vom Gesetz verhältnismäßig günstig Gestellte seinen Vorteil noch künstlich zu erweitern sucht. Läßt der Grundstücksbesitzer während des Streites über den Herstellungsanspruch den beschädigten Gegenstand verfallen, indem er nicht die den Umständen nach erforderlichen Aufwendungen auf ihn verwendet, weil er doch einen neuen Gegenstand vom Bergwerksbesitzer zu erhalten erwartet, so kann ihm der Bergwerksbesitzer die Einrede der Arglist entgegensetzen; diese führt freilich nicht zur Abweisung der Klage, wohl aber zu dem Ergebnisse, daß der Bergwerksbesitzer den Anspruch des Grundstücksbesitzers insoweit nicht zu erfüllen braucht, als er durch die mangelhafte Unterhaltung des Gegenstandes hervorgerufen ist; wenn infolge

1) Vgl. oben S. 34 Anm. 4.

der mangelhaften Unterhaltung die Herstellung des beschädigten Gegenstandes nicht möglich geworden ist, so braucht der Bergwerksbesitzer nur den Betrag zu gewähren, der erforderlich gewesen wäre, um den beschädigten Gegenstand, wenn er gut unterhalten gewesen wäre, herzustellen; wenn dagegen die Herstellung des beschädigten Gegenstandes auch bei ordnungsmäßiger Unterhaltung nicht möglich gewesen wäre, so braucht sich der Grundstücksbesitzer nur dasjenige anrechnen zu lassen, was er infolge der mangelhaften Unterhaltung gespart hat. — Ebenso ist die Einrede der Arglist gegeben, wenn der Grundstücksbesitzer eine ordnungsmäßige Benutzung oder Verwertung des Gegenstandes unterläßt, weil er doch den höheren objektiven Wert verlangt; in diesem Falle muß sich der Grundstücksbesitzer dasjenige anrechnen lassen, was er durch die mangelhafte Benutzung oder Verwertung erspart. — Umgekehrt kann der Grundstücksbesitzer den durch den mangelhaften Zustand des beschädigten Gegenstandes erlittenen Schaden auch ohne Verzug des Bergwerksbesitzers dann ersetzt verlangen, wenn dieser den Eintritt des Verzuges arglistig gehindert hat, indem er z. B. durch Drohung oder vorsätzlich falsche Angaben den Grundstücksbesitzer abgehalten hat, eine Mahnung an ihn zu richten oder Klage gegen ihn zu erheben.

II. A. Einen Entschädigungsanspruch kann sich ein anderer als der Geschädigte dadurch verschaffen, daß er ihn sich von dem Berechtigten a b t r e t e n läßt. Hiergegen läßt sich an sich nichts einwenden; denn der Entschädigungsanspruch ist subjektiv persönlich, und die Abtretung wird auch dadurch nicht ausgeschlossen, daß die Entschädigungssumme den Hypothekengläubigern gemäß Art. 52, 53 EG. in Verbindung mit § 1128 BGB. verhaftet ist. Aber auch hier gibt es Fälle, in denen die Abtretung unwirksam ist, und zwar deswegen, weil der Zessionar sich durch Erwerb des Entschädigungsanspruchs einen unberechtigten Vermögensvorteil verschafft hat.

Maßgebend ist nicht etwa, ob dem abgetretenen Entschädigungsanspruch ein bestimmter Wert als Gegenleistung gegenübersteht; nicht selten ist ein Gegenwert überhaupt kaum ersichtlich, wie vor allen Dingen in den Fällen des Inkassomandats; wenn z. B. Verpächter und Pächter, die beide durch die Einwirkung des Bergbaus geschädigt sind, ihre Klagen einheitlich gegen den Bergwerksbesitzer durchführen wollen, so ist es durchaus zweckmäßig und gestattet, daß der Pächter dem Verpächter seinen Anspruch abtritt, um den Einwand des Bergwerksbesitzers von vornherein abzuschneiden, daß der Anspruch nicht dem Verpächter, sondern dem Pächter oder umgekehrt nicht dem Pächter, sondern dem Verpächter zustehe; in welcher Weise in derartigen Fällen die Verrechnung zwischen Inkassomandanten und Inkassomandatar, zwischen Pächter und Verpächter stattfindet, ist für den Bergwerksbesitzer unerheblich.

Anders ist dagegen die Rechtslage zu beurteilen, wenn ein Inkassoverhältnis nicht besteht. Hier kommt es nicht selten vor, daß der Zessionar sich den Entschädigungsanspruch abtreten läßt in der Absicht, hierdurch einen Vermögensvorteil zu erlangen; meist geschieht dies in der Weise, daß er gleichzeitig das beschädigte Grundstück erwirbt, d. h. für einen bestimmten Kaufpreis erwirbt er das Grundstück und die etwa dem Vorbesitzer zustehenden Entschädigungsforderungen wegen Einwirkungen des Bergbaus, die ja, soweit der Schaden während der Besitzzeit des früheren Eigentümers eingetreten ist, an sich trotz des Eigentumsüberganges dem früheren Eigentümer verbleiben würden. Gegen eine derartige Abtretung des Entschädigungsanspruchs ist an sich ja nichts einzuwenden; sie ist auch, soweit der Anspruch auf Herstellung gerichtet ist, durchaus zweckmäßig, da naturgemäß der derzeitige Grundstücksbesitzer ein größeres Interesse an der Herstellung hat als der frühere Besitzer; es ist endlich auch ganz natürlich, daß der Gegenwert für den Entschädigungsanspruch geringer ist als dieser selbst, da mit der Durchführung des letzteren oft ein großes Risiko und große Unkosten verbunden sind. Immerhin gibt es viele Fälle, in denen der Zessionar den Entschädigungsanspruch für eine ganz unverhältnismäßig geringe Gegenleistung erwirbt, weil dem früheren Grundstücksbesitzer gar nicht bekannt ist, daß oder in welchem Umfange ihm Entschädigungsansprüche gegen den Bergwerksbesitzer zustehen. Ob freilich im einzelnen Falle die Gegenleistung eine unverhältnismäßig geringe ist, ist sehr schwer festzustellen, weil die Abtretung des Entschädigungsanspruchs mit dem Kaufvertrage über das Grundstück zu einem einheitlichen Vertrage verbunden ist; es wird dann ein Teil des Gegenwertes, der tatsächlich für den Ankauf des Grundstückes bestimmt ist, nach außen hin auf den Entschädigungsanspruch verrechnet, um den geringeren Gegenwert für den Entschädigungsanspruch zu verdecken und gleichzeitig einen Teil der Umsatzsteuer für den Erwerb von Grundstücken zu sparen.

Aber selbst wenn die Gegenleistung für den Entschädigungsanspruch eine unverhältnismäßig geringe ist und selbst wenn der spätere Grundstücksbesitzer die Unkenntnis seines Rechtsvorgängers über den ihm zustehenden Entschädigungsanspruch ausgebeutet hat, so ist die Abtretung doch noch nicht nach § 138 Abs. 2 BGB. nichtig; es muß vielmehr, da die Abtretung des Entschädigungsanspruchs mit dem Grundstücksverkaufe einen einheitlichen Vertrag bildet, auch der Gesamtpreis unverhältnismäßig gering zu den Gegenleistungen, dem Grundstückswerte und der Entschädigungsforderung, sein. Bei diesen Schwierigkeiten wird es dem Bergwerksbesitzer nur sehr selten gelingen, die Nichtigkeit der Abtretung nachzuweisen.

Es bietet sich ihm freilich noch ein anderer Weg, der aber auch nicht viel gangbarer ist: Befand sich der frühere Grundstücksbesitzer bei Abtretung des Entschädigungsanspruchs über dessen Bedeutung in einer für den Verkehr wesentlichen Weise im Irrtum, so kann er die Abtretungserklärung gemäß § 119 Abs. 2 BGB. anfechten. Da nun die Abtretung der Entschädigungsforderung mit dem Grundstückskaufe einen einheitlichen Vertrag bildet, so muß der frühere Grundstücksbesitzer zugleich den Kaufvertrag über das Grundstück anfechten; aus diesem Grunde wird er wohl meist von der Anfechtung Abstand nehmen, auch wenn er hierzu berechtigt ist. Der Bergwerksbesitzer kann sich dem Zessionar gegenüber auf die Anfechtung nur dann berufen, wenn sie tatsächlich erfolgt und die Abtretung infolgedessen nichtig ist; dagegen kann sich der Bergwerksbesitzer nicht auf das Anfechtungsrecht des früheren Besitzers als solches stützen, da dies eine exceptio ex iure tertii sein würde.

B. Ebenso wie jemand den Entschädigungsanspruch auf Grund einer Zession erlangen kann, ohne den vollen Gegenwert entrichtet zu haben, kann auch der Bergwerksbesitzer eine künstliche Minderung des Anspruchs dadurch erreichen, daß er den Grundstücksbesitzer bestimmt, gegen eine Abfindung auf alle künftigen Ersatzansprüche zu verzichten. Dieser Verzicht erstreckt sich nicht ohne weiteres auf die Ansprüche eines Rechtsnachfolgers des Grundstücksbesitzers; dem Bergwerksbesitzer steht auch kein praktisch brauchbares Mittel zur Verfügung, den Verzicht so zu formulieren, daß durch die Abfindung auch Entschädigungsansprüche des Rechtsnachfolgers abgegolten sein sollen. Gleichwohl unterliegt der Verzicht, auch wenn er sich nicht auf die Rechtsnachfolger des Grundstücksbesitzers bezieht, schwerwiegenden rechtspolitischen Bedenken: Der Grundstücksbesitzer läßt sich häufig durch die Aussicht auf eine sofort zu zahlende Geldsumme bestimmen, sich eines Anspruchs zu begeben, dessen Gestaltung und Höhe er noch gar nicht übersehen kann. Die für die Höhe der Abfindung in Betracht kommenden Faktoren, die künftige Wertsteigerung des Grundstückes, die künftige Verwertbarkeit des Grundstückes und die künftigen Einwirkungen des Bergbaus, sind ihm fast immer zur Zeit des Verzichtes noch ganz unbekannt. Andererseits wird man, auch wenn der Verzicht den Grundstücksbesitzer aufs empfindlichste schädigt, nur in den allerseltensten Fällen ihn für nichtig erklären können: denn eine Ausbeutung der Notlage oder Unerfahrenheit durch den Bergwerksbesitzer läßt sich ebenso schwer nachweisen wie die Tatsache, daß die Abfindung für die etwaigen künftigen Entschädigungsforderungen unverhältnismäßig gering war.

C. Nach geltendem Recht können hiernach nur in Ausnahmefällen gegen die künstliche Steigerung und Minderung des Entschädigungsanspruchs, welche durch Abtretung bzw. Verzicht erreicht werden kann, Einwendungen erhoben werden. Dieser Zustand erscheint nicht wünschenswert; der Entschädigungsanspruch sollte der Spekulation entzogen werden; vielmehr sollte er von dem Geschädigten, aber auch nur von diesem, stets in der Höhe geltend gemacht werden können, wie er wirklich besteht. De lege ferenda wäre daher erwünscht, daß die Abtretung eines Entschädigungsanspruchs für unwirksam erklärt wird, es sei denn, daß die Abtretung lediglich zum Zwecke des Inkasso erfolgt oder daß der Anspruch an den derzeitigen Besitzer des beschädigten Grundstückes abgetreten ist und lediglich auf Naturalherstellung gerichtet ist; hierdurch würde zugleich die erwünschte Nebenwirkung erzielt, daß der Entschädigungsanspruch auch nicht der Pfändung unterworfen wird. Ein Verzicht auf Entschädigung für künftige Schäden sollte ausnahmslos unwirksam sein.

III. Ein letzter praktisch wichtiger Fall einer künstlichen Steigerung des Entschädigungsanspruchs betrifft den entgangenen Gewinn. Um die Wahrscheinlichkeit, mit der der entgangene Gewinn erwartet werden kann, zu begründen oder um sie zu erhöhen, schließt der Grundstücksbesitzer nicht selten nach Eintritt des Schadens noch Verträge über die künftige Verwertung seines Grundstückes, aus denen ihm dann in der Zukunft bestimmte Gewinne zufallen sollen. Besonders häufig ist dies dann der Fall, wenn das Grundstück zur Abziegelung verwertet werden soll. Nach der hier vertretenen Ansicht [1]), wonach für die Voraussehbarkeit des entgangenen Gewinnes nicht der Zeitpunkt der Einwirkung des Bergbaus, sondern die letzte mündliche Verhandlung maßgebend ist, kann diese künstliche Steigerung des Entschädigungsanspruchs nicht beanstandet werden. Es können gegen eine derartige künstliche Steigerung selbst dann keine Einwendungen erhoben werden, wenn der Vertrag abgeschlossen ist, obwohl die Parteien wußten, daß die vereinbarte Verwertung infolge der Einwirkungen des Bergbaus nicht möglich sein würde und wenn die Vereinbarung nur die Substantiierung des entgangenen Gewinnes bezweckte; ent-

1) Vgl. oben S. 71.

scheidend ist vielmehr lediglich, ob die Parteien den Abschluß des Vertrages auch für den Fall gewollt haben würden, daß die vereinbarte Verwertung des Grundstückes möglich gewesen wäre; ist dies freilich nicht der Fall, so ist der Vertrag nichtig, weil er nur zum Schein abgeschlossen ist.

B. Praktischer Teil.

1. Die einzelnen Arten der Bergbauschäden.

§ 13. Die Wasserentziehung.

I. A. 1. Die Entziehung des Wassers durch den Bergbau kann auf zwei Ursachen zurückzuführen sein. Entweder werden bei dem Abbau Wasseradern angebohrt, die mit dem Grundwasser des Grundstückes in Verbindung stehen, oder aber es werden durch den Abbau Senkungen des beschädigten oder der benachbarten Grundstücke hervorgerufen, und die Senkungen ihrerseits bewirken eine Verschiebung der Grundwasserverhältnisse [1]).

In dem einen wie in dem anderen Falle ist die Feststellung des Kausalzusammenhanges eine sehr schwere. Da bei dem Abbau fortwährend Wasser erschrotet wird, während nur in wenigen Fällen eine Abnahme des Grundwassers stattfindet, so kann aus dem mehr oder minder starken Wasserzufluß in der Regel überhaupt kein Schluß auf den Kausalzusammenhang gezogen werden. Die Wasserbewegung im Innern der Erde ist aber heutzutage auch der Wissenschaft so gut wie gänzlich unbekannt; es bestehen heute eigentlich nur zwei Faktoren, die eine gewisse Möglichkeit zur Erkenntnis der Wasserbewegung bieten: einmal die geologische Beschaffenheit des Gesteins, die aber ihrerseits erst wieder häufig durch zeitraubende und kostspielige Bohrungen festgestellt werden muß, und empirische Tat-

---

1) Ueber den letztgenannten Fall vgl. Gräff, Verursacht der Bergbau Bodensenkungen durch die Entwässerung wasserführender diluvialer Gebirgsschichten? im „Glückauf", Jahrgang 1901 S. 601 ff.

sachen (z. B. gefärbtes Wasser wird in einen versiegelten Brunnen hineingeschüttet und kommt dann wieder im Bergwerk zum Vorschein), die aber ebenfalls einer meist langjährigen Beobachtung bedürfen. — Ist die Wasserentziehung mittelbar durch die Senkung des Erdbodens entstanden, so ist der Kausalzusammenhang deshalb nur schwer festzustellen, weil er in doppelter Weise vorhanden sein muß: einmal zwischen dem Abbau des Bergwerkes und den Senkungen des Erdbodens und zweitens zwischen den Senkungen und der Wasserentziehung.

2. Aus diesen Gründen ist die Frage, ob die Entziehung des Grundwassers auf den Bergwerksbetrieb zurückzuführen ist, wohl die technisch schwierigste Frage des ganzen Bergrechtes, zumal gewöhnlich mehrere Bergwerksbetriebe als Verursacher des Schadens in Frage kommen. Nicht selten vergehen 20 oder gar 30 Jahre, bis die Frage entschieden ist; eine Verjährung nach § 151 ABG. liegt hier trotzdem nicht vor, da der Grundstücksbesitzer infolge der schwierigen Entscheidung des Kausalzusammenhanges niemals weiß oder wissen kann, daß die Wasserentziehung auf den Bergwerksbetrieb, und zwar gerade auf den Betrieb eines bestimmten Bergwerksbesitzers, zurückzuführen ist.

B. Die Einwirkung des Bergbaus selbst vollzieht sich nun fast durchweg in folgender Weise: Zunächst bleibt das Wasser während einer trockenen Jahreszeit aus, später auch während einer normalen und endlich versiegt es gänzlich; zum Teil ist das Wasser noch in den feuchteren Jahreszeiten erhalten geblieben; jedenfalls ist durchweg, wenn endlich nach mehreren Jahren die Frage des Kausalzusammenhanges entschieden wird, ein Stillstand in der Entwicklung der Wasserentziehung eingetreten, so daß man den Umfang des Schadens übersehen kann.

C. Der Schaden stellt sich folgendermaßen dar: Zunächst hat der Grundstücksbesitzer trotz der Wasserentziehung seinen bisherigen Wirtschaftsbetrieb fortgesetzt; er hat entweder das erforderliche Wasser auf andere Weise mit höheren Kosten herbeigeschafft oder allmählich seinen Wirtschaftsbetrieb verkleinert; in beiden Fällen ist sein Reingewinn zurückgegangen, unter Umständen hat er auch einen Teil der auf die Bewirtschaftung des Grundstückes verwendeten Werbungskosten verloren. Ist die Wasserentziehung in stärkerem Maße eingetreten, so kann sie den Grundstücksbesitzer sogar dazu führen, den bisherigen Wirtschaftsplan aufzugeben und einen anderen einzuführen, ja in besonders ungünstigen Fällen sogar das Grundstück brach liegen zu lassen. Nicht selten kommt es allerdings auch vor, daß sich der Grundstücksbesitzer inzwischen auf anderem Wege dauernd Wasser beschaffen kann, insbesondere indem er sein Grundstück an eine Wasserleitung anschließt. Eine derartige Beschaffung von Wasser ist durchaus zweckmäßig; denn sofern überhaupt das Grundstück nutzbar verwertet wird oder in Zukunft verwertet werden soll, was ja fast immer der Fall ist, ist der Schaden, den das Grundstück durch eine dauernde Wasserentziehung erleidet, ein so erheblicher, daß dagegen die Kosten für die Herbeischaffung des Wassers fast stets zurücktreten; wenn ein natürlicher Quell oder Wasserlauf nicht allzu entfernt ist, wird die Herbeischaffung des Wassers billiger sein als der Ersatz des durch die Wasserentziehung entstandenen Schadens. Andererseits findet die durch die Wasserentziehung hervorgerufene Entwertung des Grundstückes ihre natürliche Grenze in dem Betrage der Herstellungskosten; denn die für die Zuführung des Wassers zu machenden Aufwendungen verleihen wieder dem Grundstücke den ursprünglichen Wert. — In bezug auf den Umfang des Schadens ist zu beachten, daß er sich noch lange nach seiner Entstehung vermehren kann, und zwar infolge des Anwachsens des Wasserverbrauches. Dies ist namentlich dann der Fall, wenn das Grundstück erst geraume Zeit nach der Wasserentziehung bebaut wird; hätte das ursprünglich auf dem Grundstücke vorhanden gewesene Wasser auch noch für die Bedürfnisse des neuerrichteten Hauses ausgereicht, so ist auch der spätere Mehrbedarf auf den Betrieb des Bergwerkes zurückzuführen und daher vom Bergwerksbesitzer zu ersetzen [1]).

---

1) RG. in der Zeitschrift für Bergrecht, Bd. 37 S. 345.

II. Vorstehendes sind die tatsächlichen Voraussetzungen, die der Entschädigung zugrunde liegen. Diese selbst hängt nun wesentlich davon ab, ob der Schaden ein vorübergehender oder ein dauernder ist.

Der Schaden ist nicht nur dann ein dauernder, wenn in jedem Augenblicke das Wasser ganz oder teilweise versiegt, es genügt vielmehr, daß zu gewissen regelmäßig wiederkehrenden Zeiten das Wasser dem Grundstücke entzogen ist. Maßgebend für die Entscheidung der Frage ist die Verkehrsauffassung; bisweilen kann es zweifelhaft sein, ob der Schaden ein vorübergehender oder ein dauernder ist. Als Zeitpunkt ist die Einwirkung des Bergbaus auf das Grundstück maßgebend, entschieden wird aber die Frage nach dem Ergebnis der letzten mündlichen Verhandlung; nicht selten erweist sich ein Schaden, der ursprünglich als ein vorübergehender erschien, als dauernd und umgekehrt. War der Schaden ursprünglich ein vorübergehender und wird er später infolge erneuter Einwirkung des Bergbaus ein dauernder, so liegen zwei zeitlich und rechtlich getrennte Beschädigungen vor, von denen die erste eine vorübergehende, die zweite eine dauernde ist.

A. 1. Ist der Schaden ein vorübergehender gewesen, so kommt die Herstellung in der Regel deswegen nicht in Betracht, weil die Grundstücksubstanz nicht gemindert ist; in denjenigen Fällen freilich, in denen die Grundstücksubstanz beschädigt ist, obwohl die Schäden selbst nur vorübergehend sind, z. B. bei einer Wasserentziehung in anormal trockenen Jahren (Wasserentziehung während der trockenen Monate würde schon einen dauernden Schaden darstellen), kann der Grundstücksbesitzer auch Herstellung verlangen, doch wird hier der Bergwerksbesitzer meist von seiner Befugnis gemäß § 251 Abs. 2 BGB., Schadensersatz zu leisten, Gebrauch machen. Praktisch kommt hiernach für die Entschädigung für vorübergehende Schäden nur der Schadensersatzanspruch in Betracht.

2. a) Als Schadensersatz kann der Grundstücksbesitzer den Ersatz des Minderwertes beanspruchen, den das Grundstück infolge der Wasserentziehung erlitten hat.

Dieser Minderung des Grundstückswertes kann er entweder den Tausch- oder den Gebrauchswert des Grundstückes zugrunde legen. Die Zugrundelegung des Gebrauchswertes ist gewöhnlich für den Grundstücksbesitzer vorteilhafter, da der Tauschwert durch eine vorübergehende Wasserentziehung gar nicht oder nur wenig gemindert ist; bei der Zugrundelegung des Gebrauchswertes kann dagegen der Grundstücksbesitzer Ersatz des Ertragsausfalles verlangen, und zwar bei landwirtschaftlichen Grundstücken Ersatz für die infolge der Wasserentziehung nicht gewonnenen Früchte, bei Hausgrundstücken Ersatz des infolge der Wasserentziehung eingetretenen Mietsausfalles.

Den Minderwert kann der Grundstücksbesitzer nach dem objektiven oder dem subjektiven Maßstabe berechnen; wählt er die letztere Berechnung, so kann er diejenigen Beträge, die er für Entnahme fremden Wassers aufgewendet hat (Wassergeld für Leitungswasser oder Transportkosten für Heranschaffung), nebst Zinsen seit Eintritt des Verzuges in Ansatz bringen [1]); naturgemäß ist dann der übrige Teil des Schadens entsprechend geringer, da eben der individuelle Ertragsausfall durch die Herbeischaffung des Wassers gemindert ist.

b) Der Grundstücksbesitzer kann, sofern er die Berechnung nach dem Gebrauchswerte wählt, Ersatz der auf das Grundstück verwendeten W e r b u n g s k o s t e n verlangen, die infolge der Wasserentziehung verloren gegangen sind; denn der Verlust dieser Werbungskosten ist ein mittelbar durch die Wasserentziehung entstandener Schaden. Es ist aber zu beachten, daß der Wert dieser Werbungskosten oft schon durch Ersatz des Ertragsausfalles abgegolten ist, z. B. der

---

1) Die Ausführungen D a u b e n s p e c k s (Lehre vom Bergschaden, S. 120) über die allzu hohe Berechnung der Transportkosten für die Heranschaffung des Wassers sind auch heute noch beherzigenswert; tatsächlich schränkt der Grundstücksbesitzer, ohne daß er gewöhnlich dadurch erheblichen Schaden erleidet, seinen Wasserverbrauch ein, statt Zeit und Mühe auf die Herbeischaffung des Wassers zu verwenden. Zu weitgehend RG. in der Zeitschrift für Bergrecht, Bd. 22 S. 101, welches den Nachweis der Verwendung des Wassers nicht für erforderlich hält.

Wert der Aussaat und der auf die Bearbeitung des Ackers verwendeten Unkosten durch den Ersatz für die nicht gezogenen Früchte.

c) Außerdem kann ein Ersatzanspruch des Grundstücksbesitzers wegen entgangenen Gewinnes, wegen Verzugsschadens und (im Falle teilweiser Herstellung des beschädigten Grundstückes) wegen der Störungen und Unbequemlichkeiten während der Reparatur begründet sein. Da sich diese Ersatzforderungen mehr nach der Zweckbestimmung des beschädigten Grundstückes als nach der Schadensursache richten, werden sie in §§ 17—20 dieser Abhandlung besprochen werden.

B. In ganz anderer Weise sind dauernde Schäden zu vergüten. Hier hat der Grundstückseigentümer das Interesse, daß diese dauernden Schäden beseitigt werden. An der Leistung von Schadensersatz hat er deswegen kein Interesse, weil der Schaden, die Entwertung des Grundstückes, zwar an sich sehr groß sein kann, infolge der Möglichkeit der Herstellung aber niemals die für die Herstellung aufzuwendenden Kosten übersteigen wird. Andererseits ist der Schaden aber auch nur infolge der Möglichkeit der Herstellung so begrenzt; eine Entwertung, die wesentlich geringer ist als die aufzuwendenden Kosten, ist praktisch ausgeschlossen; infolgedessen wird auch der Bergwerksbesitzer nicht von seiner Befugnis aus § 251 Abs. 2 BGB., statt der Herstellung den Schaden zu ersetzen, Gebrauch machen. Grundstücksbesitzer und Bergwerksbesitzer haben also bei dauernden Beschädigungen das Interesse, daß der Schaden durch Herstellung beseitigt wird.

1. Die Herstellung besteht in der Zuführung von Wasser in gleicher Güte und Menge; der Grundstücksbesitzer kann auch verlangen, daß das Wasser denjenigen Teilen des Grundstückes zugeführt wird, an denen früher Wasser vorhanden war; es braucht sich daher z. B. der Besitzer eines landwirtschaftlichen Grundstückes nicht mit der Anbringung eines Zapfhahns am Wohnhaus zu begnügen [1].

---

1) Vgl. auch OLG. Hamm in der Zeitschrift für Bergrecht, Bd. 41 S. 241.

Der Grundstücksbesitzer kann auch sofortige Herstellung fordern, er braucht sich nicht darauf verweisen zu lassen, daß in einiger Zeit eine Wasserleitung gebaut werde, und daß alsdann sein Grundstück an diese Leitung angeschlossen werden solle[1]); freilich wird in derartigen Fällen der Bergwerksbesitzer häufig danach streben, den Rechtsstreit bis zur Herstellung der Wasserleitung zu verschleppen und für die Zwischenzeit den infolge seines Verzuges eingetretenen Schaden zu tragen. Eine Herstellung ist allerdings in solchen Fällen nicht oder nur mit unverhältnismäßigen Mitteln möglich, wo es an natürlichen Wasserläufen oder an einer Wasserleitung fehlt; derartige Fälle sind aber in unseren dichtbevölkerten Industriebezirken, namentlich im rheinisch-westfälischen Revier, wo fast das ganze Land von Wasserleitungen durchzogen ist, praktisch fast ausgeschlossen; wo sie freilich noch vorkommen, kann der Grundstücksbesitzer vollen Ersatz für die Entwertung seines Landes verlangen.

a) Die Herstellung erfolgt seltener durch Zuführung von Wasser aus natürlichen Wasserläufen, in der Regel vielmehr durch Zuführung von Leitungswasser. Gegenüber seiner Verpflichtung zur Zuführung von Leitungswasser kann der Bergwerksbesitzer auch nicht einwenden, daß der Grundstücksbesitzer sein Grundstück auch ohne die Wasserentziehung an die Leitung angeschlossen haben würde. Denn maßgebend für den Schaden ist der Zeitpunkt der Wasserentziehung, und zu dieser Zeit war das Grundstück noch nicht an die Wasserleitung angeschlossen. Der Zeitpunkt der Wasserentziehung allein ist auch maßgebend dafür, ob der Schaden ein dauernder oder ein vorübergehender ist; nicht erforderlich ist dabei, daß er schon zur Zeit der Wasserentziehung als ein dauernder erschienen war; es genügt vielmehr, daß es sich späterhin, ja selbst nach Anschluß des Grundstückes an die Wasserleitung herausstellt, daß er bereits zur Zeit der Wasserentziehung ein dauernder war[2]). Dagegen kommt es für den Umfang des Schadens nicht auf

1) RG. in Zivilsachen, Bd. 76 S. 146 (Zeitschrift für Bergrecht, Bd. 53 S. 231); ferner RG. in der Zeitschrift für Bergrecht, Bd. 49 S. 466.

2) Vgl. oben S. 91.

den Zeitpunkt der Wasserentziehung an; vermehrt sich der Wasserverbrauch noch nach diesem Zeitpunkte und wäre er ohne die Wasserentziehung durch das vorhandene Wasser befriedigt worden, so hat der Bergwerksbesitzer auch dieses Mehrquantum zu liefern[1]). Die Forderung auf dieses Mehrquantum kann geltend gemacht werden auf Grund der früheren Entscheidung, wonach der Bergwerksbesitzer verpflichtet ist, Wasser in gleicher Menge und Güte zu liefern; liegt für diese Verpflichtung ein vollstreckbarer Titel vor, so verjährt die Mehrforderung erst 30 Jahre nach Erwirkung dieses Titels (§ 218 BGB.).

b) Den zur Zuführung von Wasser erforderlichen Geldbetrag wird der Grundstücksbesitzer an Stelle der Naturalherstellung nur dann verlangen, wenn er tatsächlich in der Zwischenzeit auf eigene Kosten das Wasser zugeführt hat. In anderen Fällen hat er an der Zahlung des Betrages kein Interesse; den Betrag zu sparen statt ihn zur Zuführung von Wasser zu verwenden, würde ihm nur Nachteile bringen, da, wie bereits erwähnt, die Entwertung des Grundstückes infolge der Wasserentziehung an sich größer ist als der Betrag der Herstellungskosten und nur infolge der Möglichkeit der Wasserzuführung in dem Betrage der Herstellungskosten ihre obere Grenze findet. Ebensowenig hat der Grundstücksbesitzer ein Interesse daran, das Wasser auf eigene Kosten zuzuführen und hierfür den ihm gewährten Betrag zu verwenden; denn er wird fast niemals in der Lage sein, die Herstellung für einen geringeren Preis als den normalen auszuführen und so einen Teil des Geldes zu sparen; andererseits ist für ihn die Uebernahme der Wasserzuführung mit erheblichen Umständen und Unannehmlichkeiten verbunden.

2. a) Große Bedeutung hat bei dauernder Wasserentziehung die Ergänzung des Herstellungsanspruches durch den Schadensersatzanspruch des § 251 Abs. 1 Fall 2 BGB., der gegeben ist, „soweit die Herstellung zur Entschädigung des Gläubigers nicht genügend ist". Auf Grund

1) Vgl. oben S. 90.

dieser Vorschrift kann der Grundstücksbesitzer Ersatz der Beträge verlangen, die er für den Verbrauch des zugeführten Wassers bezahlen muß, was insbesondere bei Leitungswasser von großer Bedeutung ist. Die Beträge für den Wasserverbrauch hat der Bergwerksbesitzer nach den in § 10 ausgeführten Grundsätzen in einer Kapitalsabfindung zu vergüten, durch welche die vergangenen wie die künftigen Aufwendungen für die Wasserentnahme einheitlich abgegolten werden. Hinsichtlich der Berechnung dieser Kapitalsabfindung wird auf die Ausführungen in § 10 dieser Abhandlung verwiesen. Insbesondere ist zu beachten, daß durch Zahlung der Kapitalsabfindung die Verbindlichkeit endgültig erlischt; vergrößert sich also der Schaden nachträglich infolge eines nach der Zahlung eintretenden Mehrverbrauches, so kann doch für diesen Mehrbedarf nicht Ersatz begehrt werden[1]. Eine Nachforderung für diesen Mehrbedarf ist also nur zulässig, wenn der Anspruch von vornherein auf Herstellung, nicht auf Schadensersatz gerichtet war[2].

b) Wie bei einer vorübergehenden Wasserentziehung, so kann auch bei der dauernden der Grundstücksbesitzer Ersatz des Minderwertes des Grundstückes und der verlorenen Werbungskosten verlangen. Auch diese Schadensersatzforderungen, welche neben dem Herstellungsanspruch geltend gemacht werden können, finden in § 251 Abs. 1 Fall 2 ihre rechtliche Stütze. Da der Grundstücksbesitzer sich bei dem Herstellungsanspruch weder auf die Berechnung nach dem Gebrauchs- oder Tauschwerte des Grundstückes noch auf die Berechnung nach dem subjektiven oder objektiven Maßstabe festgelegt hat, so hat er hier die freie Wahl zwischen den Berechnungen.

c) Den Ersatz der verlorenen Werbungskosten kann er natürlich auch hier nur nach dem Gebrauchswerte des Grundstückes berechnen. Der Anspruch auf Ersatz der Werbungskosten ist aber in einem wichtigen Punkte beschränkt. Er ist nur insoweit begründet, als der Verlust

---

1) Vgl. oben S. 79 f.

2) Vgl. oben S. 94 f.

der Werbungskosten auf die Entziehung des Wassers durch den Bergbau zurückzuführen ist, nicht aber insoweit der Verlust auf dem Wassermangel beruht. Dies ergibt sich aus dem Begriffe des konkreten (mittelbaren) Schadens[1]). Der Grundstücksbesitzer kann also z. B. nur Ersatz derjenigen Aussaat verlangen, die er im Jahre der Wasserentziehung auf den Acker verwendet hat, nicht aber Ersatz der in den folgenden Jahren gestreuten, da zu dieser Zeit schon Wassermangel bestand und das Nichtreifen der Früchte auf diesen Mangel zurückzuführen ist. Die infolge des Wassermangels verlorenen Werbungskosten kann der Grundstücksbesitzer nur als Verzugsschaden ersetzt verlangen, d. h. insoweit sie infolge eines Verzuges des Bergwerksbesitzers verloren gegangen sind[2]).

Zu den Werbungskosten bei dauernder Wasserentziehung gehören auch die von dem Grundstücksbesitzer für die Entnahme fremden Wassers aufgewendeten Kosten. Bei der vorübergehenden Wasserentziehung stellen sie sich als Teil des subjektiv berechneten Minderwertes, d. h. als unmittelbarer Schaden dar[3]); denn sie beseitigen hier einen Verlust, der den Grundstücksbesitzer betroffen hat, sind also Surrogat des eigentlichen Schadens, nämlich des durch die Wasserentziehung herbeigeführten Ertragsausfalles. Bei einer dauernden Wasserentziehung beseitigen sie den Schaden nicht; sie werden nur von dem Grundstücksbesitzer, der sein Grundstück weiter verwerten will, zur vorübergehenden Aushülfe aufgewendet. — Da nun die Kosten für die Entnahme fremden Wassers bei dauernder Wasserentziehung nur einen mittelbaren Schaden bilden, so kann der Grundstücksbesitzer sie nur insoweit ersetzt verlangen, als sie infolge der Entziehung des Wassers selbst aufgewendet sind. Er kann deshalb z. B. auch bei dauernder Wasserentziehung Ersatz fordern, wenn sein Grundwasser plötzlich ausbleibt und er behufs sofortiger Berieselung fremdes Wasser entnehmen muß. Hat er dagegen fremdes Wasser infolge seines dauernden Wasser-

1) Vgl. oben S. 62 f.

2) Vgl. oben S. 66.

3) Vgl. oben S. 92.

mangels entnommen, so kann er Ersatz nur dann beanspruchen, wenn der Bergwerksbesitzer während dieser Zeit im Verzuge ist. — Dies Ergebnis mag im ersten Augenblicke ungeheuerlich erscheinen; in Wirklichkeit ist es durchaus logisch. Hat der Grundstücksbesitzer z. B. sein Grundstück schon vor der Klageerhebung an die Wasserleitung anschließen lassen, so bietet ihm ja auch die Kapitalsabfindung keinen Ersatz, weder an Kapital noch an Zinsen, für das Entgelt, das er für das vor der Klageerhebung entnommene Wasser entrichtet hat; es liegt keine Veranlassung vor, dem Grundstücksbesitzer den Betrag zuzusprechen, wenn er vor der Klageerhebung das Wasser auf anderem Wege als durch die Wasserleitung gegen Entgelt bezogen hat.

Im übrigen richten sich die Schadensersatzansprüche des Grundstücksbesitzers mehr nach der Art des beschädigten Grundstückes als nach der Ursache der Beschädigung; sie werden deshalb in §§ 17—20 dieser Darstellung behandelt werden.

§ 14. Die Wasserzuführung.

I. A. Wie die Wasserentziehung, so kann auch die Wasserzuführung auf einer unmittelbaren oder auf einer mittelbaren Einwirkung des Bergbaus beruhen: Unmittelbar wirkt der Bergbau dann ein, wenn unterirdische Wasserzuflüsse angebohrt oder abgedämmt werden und hierdurch eine Zuführung von Wasser auf das Grundstück eintritt; bei Abdämmung von Wasser strömt das gestaute Wasser durch Höhlungen im Erdinnern auf das Grundstück, bei Anbohrung von Wasser strömt es unterirdisch durch die Strecken des Bergwerkes, die dann gewöhnlich schon verlassen sind, oder auch wohl oberirdisch durch einen zutage tretenden Spring; unmittelbar wirkt der Bergbau auch durch Zuführung von Grubenwasser ein [1]). Mittelbar beruht die Wasserzuführung auf der Einwirkung des Bergbaus, wenn dieser die Boden-

1) Darüber, daß die Zuführung von Grubenwasser als eine Einwirkung des Bergbaus anzusehen ist, vgl. RG. in der Zeitschrift für Bergrecht, Bd. 40 S. 479; Bd. 51 S. 631.

senkungen hervorruft und diese wiederum eine Zuführung von Wasser verursachen. Bodensenkungen können auf doppelte Weise eine Wasserzuführung hervorbringen: der einfachere und häufigere Fall ist, daß der Boden infolge der Senkungen eine geringere Höhe hat als der Grundwasserspiegel oder die Gewässer, die sich bisher in ihn eingegraben hatten; eine Unterart dieses Falles ist, daß infolge der Senkungen eine Veränderung des Gefälles von Bächen und Flüssen und damit eine Wasserzuführung eintritt. Zweitens können die Bodensenkungen einen Dammbruch und eine hieraus entstehende Ueberflutung hervorrufen.

B. Die Zuführung des Wassers erfolgt in der Regel allmählich; nur bei Dammbrüchen und bisweilen bei Anbohrung und Abdämmung von Wasser tritt sie plötzlich ein. Aber auch bei allmählicher Wasserzuführung ist das Höchstmaß des Schadens nach einiger Zeit erreicht, außer wenn eine fortdauernde Bodensenkung und infolgedessen eine fortschreitende Versumpfung stattfindet. Nennenswerte Verschiebungen kommen nicht vor wie bei der Wasserentziehung, die von dem Grade der Luftfeuchtigkeit in viel höherem Maße abhängig ist. Das Wasser wird hiernach allmählich ohne wesentliche Rückbildungen bis zur Höchstgrenze zugeführt; auch die Frage, inwieweit die Zuführung des Wassers auf der Einwirkung des Bergbaus beruht, bereitet nicht die erheblichen Schwierigkeiten wie bei der Wasserentziehung. Die Fragen nach Grund und Umfang des Schadens sind hier also viel leichter zu lösen.

C. Der durch die Wasserzuführung entstandene Schaden ist in der Regel ein dauernder; vorübergehend ist er nur in denjenigen Fällen, in denen er plötzlich entstanden und ebenso plötzlich wieder infolge Ablaufens des Wassers gehoben ist; doch kann auch hier infolge der etwa zugeführten Schlammmassen ein dauernder Schaden zurückbleiben. Während bei der Wasserentziehung der vorübergehende und der dauernde Schaden ihrer Art nach gleich waren, ja sich überhaupt meist erst nach jahrelanger Beobachtung von einander unterscheiden ließen, sind beide bei der Wasserzuführung von Grund auf verschieden.

1. Der vorübergehende Schaden kann niemals einen verhältnismäßig geringen Umfang übersteigen; er kann bei landwirtschaftlich genutzten Grundstücken darin bestehen, daß die Ernte eines Jahres vernichtet wird, und bei Häusern darin, daß die Fundamente unterspült werden, so daß diese ausgetrocknet oder teilweise erneuert werden müssen; einen größeren Schaden, z. B. den Zusammensturz eines massiven Gebäudes, wird ein vorübergehender Schaden, selbst wenn er durch einen Dammbruch hervorgerufen ist, nicht verursachen.

2. Erheblich größer kann ein dauernder Schaden sein: Bei Gebäuden können nicht nur die Fundamente unterspült, sondern auch dauernd unter Wasser gesetzt werden; außerdem kann infolge Versumpfung des Bodens das Bewohnen des Hauses die Gesundheit gefährden. Bei landwirtschaftlichen Grundstücken kann ein dauernder Schaden eine teilweise oder völlige Versumpfung oder Ueberschwemmung herbeiführen, so daß landwirtschaftliche Erzeugnisse nicht mehr gedeihen. Bei Hausgrundstücken kann eine künftige Bebauung dadurch vereitelt werden, daß die Fundamentierungskosten sich so erhöhen würden, daß sich die Errichtung eines Gebäudes aus wirtschaftlichen Gründen nicht mehr lohnen würde, oder daß das Bewohnen eines derartigen Gebäudes gesundheitsschädlich sein würde.

II. A. Als Entschädigung für vorübergehende Schäden ist bei landwirtschaftlichen Grundstücken der Ertragsausfall und die etwa verlorenen Werbungskosten zu entrichten; bei Gebäuden wird der Grundstücksbesitzer nicht Schadensersatz, sondern Naturalherstellung oder den zur Herstellung erforderlichen Geldbetrag verlangen, da die Herstellung (Reparatur oder Neuerrichtung der Fundamente) durchaus möglich ist, auch der Anspruch auf Schadensersatz nach oben hin durch die Höhe der Herstellungskosten begrenzt ist; für die neben den vorübergehenden Schäden etwa verbleibenden dauernden Schäden (Reinigung des Grundstückes und der Gebäudefundamente von Schlammassen) wird der Grundstücksbesitzer aus gleichen Gründen den Herstellungsanspruch vorziehen. Unter Umständen wird dagegen der Bergwerksbesitzer von seiner Befugnis aus § 251 Abs. 2 BGB. Gebrauch machen, dem Grundstücksbesitzer Schadensersatz zu leisten.

B. 1. Bei dauernden Schäden wird man unterscheiden müssen, ob die Herstellung ganz, ob sie teilweise möglich ist oder ob sie unmöglich ist. Ist völlige Herstellung möglich, so wird der Grundstücksbesitzer sein Begehren auf sie richten und zwar entweder in natura oder auf Zahlung des zur Herstellung erforderlichen Geldbetrages; an der Geltendmachung eines Schadensersatzanspruchs wird ihm wenig gelegen sein, da dieser ja nach oben begrenzt ist durch den Betrag der Herstellungskosten. Sofern die Herstellung zu seiner Befriedigung nicht genügt, kann er daneben noch den verbleibenden Minderwert nach dem Gebrauchs- oder Tauchwert und, wenn er seinen Schaden nach dem Gebrauchswert berechnet, noch Ersatz seiner Werbungskosten, Ersatz für Störungen während der Reparatur und den entgangenen Gewinn verlangen; endlich steht ihm noch der Anspruch auf Ersatz des Verzugsschadens zu.

a. α) Die Herstellung besteht bei landwirtschaftlichen Grundstücken in der Beseitigung des Wassers und der angeschwemmten Schlammassen sowie in der Verhinderung einer künftigen Ueberschwemmung oder Versumpfung. Das vorhandene Wasser läßt sich in der Regel durch einen Abzugskanal ableiten, dessen Herstellung gewöhnlich keine übermäßig hohen Kosten verursacht; der Schlamm läßt sich bei nicht allzu dicht bewachsener und nicht allzu unebener Erdoberfläche durch Abspülen, schlimmstenfalls durch Abkratzen entfernen, wobei für die Kosten der Beseitigung weniger die Menge des angesammelten Schlammes als vielmehr die Größe der zu säubernden Fläche von Bedeutung ist; auch die Verhinderung künftiger Ueberschwemmung bereitet gewöhnlich keine übermäßigen Schwierigkeiten, da hierfür die Anlegung von Abzugsgräben und die Anhöhung des Grundstückes nach der Seite des drohenden Wassereinbruches ausreicht; größere Schwierigkeiten macht dagegen die Verhinderung künftiger Versumpfung, da hierzu der allzu gering gewordene Niveauunterschied zwischen Erdoberfläche und Wasserspiegel geändert werden muß, was nur durch Anhöhung des Erdbodens möglich ist; denkbar wäre auch, wenn der Wasserspiegel nicht durch Grundwasser, sondern durch ein fließendes Gewässer gebildet wird, dessen Ableitung, doch scheitert diese gewöhnlich an dem Widerstande der Anlieger. Eine Anhöhung des Erdbodens in der vollen Größe der Grundfläche aber ist schon an sich sehr kostspielig, sie wird es aber noch besonders, wenn das anzuhöhende Grundstück einer noch anhaltenden Bodenbewegung unterworfen ist, so daß voraussichtlich bald eine neue Senkung eintritt, der Erfolg der Anhöhung also verloren geht und eine neue Anhöhung erforderlich wird. In diesem Falle kann der Bergwerksbesitzer von seiner Befugnis aus § 251 Abs. 2 BGB. Gebrauch machen, statt der Herstellung Schadensersatz zu leisten, da die zur Herstellung erforderlichen Aufwendungen unverhältnismäßig zu dem durch sie erzielten Erfolge sein würden [1]). Eine Anwendung des § 251 Abs. 2 BGB. ist übrigens auch bei dem Anspruch auf Beseitigung der Schlammassen nicht ausgeschlossen, wenn der durch den Schlamm angerichtete Schaden gering, die zu seiner Entfernung erforderlichen Kosten aber verhältnismäßig bedeutend sind.

β) Bei bebauten Grundstücken besteht die Herstellung in der Reinigung verschlammter Fundamente und der Ersetzung schadhaft gewordener Bausteine durch neue; derartige Reparaturen lassen sich gewöhnlich ausführen, ohne daß das Haus während der Reparaturarbeiten geräumt zu werden braucht. Außerdem ist zur Herstellung erforderlich die Sicherung der Fundamente gegen eine künftige Unterspülung und Beschädigung; diese erfolgt je nach Lage des einzelnen Falles durch Anbringung von Abzugsgräben oder Abdichtung des Mauerwerkes. Schwierigkeiten können sich naturgemäß bei der Herstellung infolge der Gestaltung des einzelnen Falles ergeben, z. B. wenn sich infolge der Feuchtigkeit Schwamm gebildet hat oder künftig eine Schwammbildung zu besorgen ist. Stets wird die Herstellung dann

1) Vgl. oben S. 28.

mit erheblichen Kosten verknüpft sein, wenn das Bewohnen des Hauses infolge der Wasserzuführung gesundheitsschädlich geworden ist; beruht die Gesundheitsgefährdung nur auf einer Feuchtigkeit der Kellerräume, so kann ein intensives Brennen von Koksöfen oder ähnliche Maßnahmen Abhilfe schaffen; beruht sie auf einer Versumpfung der ganzen umliegenden Gegend, so wird eine Abhilfe nur schwer oder gar nicht möglich sein; es würde dann auch in diesem Falle der Anspruch auf Schadensersatz an die Stelle des Herstellungsanspruchs treten.

b) Außer der Herstellung kann der Grundstücksbesitzer noch eine Reihe von Schadensersatzansprüchen geltend machen: erstens den Ergänzungsanspruch aus § 251 Abs. 1 Fall 2 BGB., „soweit die Herstellung zur Befriedigung des Gläubigers nicht ausreichend ist", und zweitens den Anspruch auf Ersatz des Verzugsschadens. Auf Grund des Ergänzungsanspruchs kann der Grundstücksbesitzer Ersatz für die Störungen und Unbequemlichkeiten, die ihm während der Herstellungsarbeiten entstanden sind, verlangen. Außerdem gehören zu dem Ergänzungsanspruche die Forderungen auf den konkreten Schaden und auf den entgangenen Gewinn. Die Schadensersatzansprüche werden weniger durch die Art der Beschädigung, d. h. durch die Wasserzuführung, als vielmehr durch den Gegenstand der Beschädigung (landwirtschaftlich oder industriell verwertetes Grundstück, Grundstück mit Baulandeigenschaft oder Hausgrundstück) bestimmt; sie sollen deshalb in §§ 17—20 dieser Abhandlung eingehend erörtert werden.

2. Ist die Herstellung nur teilweise möglich, so kann der Grundstücksbesitzer als Ergänzung der Herstellung Schadensersatz gemäß § 251 Abs. 1 Fall 1 BGB. verlangen. Derartige Fälle dürften nicht allzu zahlreich sein; sie finden sich bei landwirtschaftlichen Grundstücken, wenn trotz Herstellung das Grundstück nur für einen geringwertigeren Anbau verwendet werden kann, und bei Hausgrundstücken, wenn es nicht den gleichen Ansprüchen genügt wie vor der Zuführung des Wassers. In zahlreichen Fällen, in denen die Herstellung teilweise möglich ist, wird der Bergwerksbesitzer

sie auf Grund des § 251 Abs. 2 BGB. ablehnen, weil die Kosten der Herstellung außer Verhältnis zu den erwarteten Vorteilen stehen. Nicht selten wird aber auch der Grundstücksbesitzer danach streben, den teilweise auf Herstellung und teilweise auf Schadensersatz gerichteten Anspruch in einen reinen Schadensersatzanspruch umzuwandeln. Das Mittel hierzu bietet ihm die Vorschrift des § 250 BGB. Die Umwandlung in einen Schadensersatzanspruch ist für den Grundstücksbesitzer insofern vorteilhaft, als er den Entschädigungsanspruch einheitlich berechnen kann, was natürlich erheblich einfacher ist; es bringt dies aber für ihn den Nachteil mit sich, daß er dann auf eine künftige Verwertung des Grundstückes nicht mehr wird rechnen können, daß ferner der gezahlte Schadensersatz auf künftige Schäden zur Anrechnung gelangt, und daß er sich endlich, wenn er noch sonstigen Schadensersatz (konkreten Schaden, Verzugsschaden und entgangenen Gewinn) beanspruchen will, entscheiden muß, ob er den Tausch- oder den Gebrauchswert geltend machen und ob er diesen nach der subjektiven oder nach der objektiven Methode berechnen will. — Der Schadensersatz selbst bestimmt sich weniger nach der Art als nach dem Gegenstande der Beschädigung und wird deshalb ebenfalls in §§ 17—20 dieser Darstellung behandelt werden.

3. Die dritte Kategorie umfaßt diejenigen Fälle, in denen eine Beseitigung der durch die Wasserzuführung entstandenen Beschädigungen unmöglich ist. Hierhin gehören die Fälle, in denen die Ueberschwemmung oder Versumpfung in besonders erheblichem Maße eingetreten ist; ferner sind hierher die Fälle zu rechnen, in denen die Häuser der überschwemmten oder versumpften Grundstücke zum Wohnen aus gesundheitspolizeilichen Gründen dauernd ungeeignet sind und dies Hindernis nicht zu beseitigen ist. Nicht hierher gehören die Fälle, in denen der Grundstücksbesitzer von seiner Befugnis aus § 250 BGB., nach erfolgfer Fristsetzung Schadensersatz statt Herstellung zu verlangen, oder der Bergwerksbesitzer von seiner Befugnis aus § 251 Abs. 2 BGB., Schadensersatz statt Herstellung zu leisten, Gebrauch macht, doch werden diese Fälle rechtlich genau so behandelt, als

wenn die Herstellung nicht möglich wäre. — Bei gänzlicher Unmöglichkeit der Herstellung kann der Grundstücksbesitzer Ersatz des ihm durch die Wasserzuführung entstandenen Grundstücksschadens und ferner Ersatz seines konkreten Schadens, Verzugsschadens und seines entgangenen Gewinnes verlangen; der Umfang des Schadensersatzes und seine Berechnung bestimmen sich auch hier nach dem Gegenstande der Beschädigung und werden deshalb in §§ 17—20 behandelt werden.

III. Besonderes gilt, wenn das Wasser zunächst von dem Bergwerksbesitzer mittels besonderer Vorrichtungen gesammelt und alsdann erst dem Grundstücke zugeführt wird. Hier steht in der Kausalitätsreihe zwischen Bergwerksbetrieb und Wasserzuführung noch die Tätigkeit des Bergwerksbesitzers, und es fragt sich, inwieweit diese Tätigkeit den Kausalzusammenhang unterbricht. Diese Frage ist nicht immer gleichmäßig beantwortet worden; es läßt sich vielmehr deutlich eine historische Entwicklung feststellen [1]). Ursprünglich war man der logisch durchaus zutreffenden Ansicht, daß die Tätigkeit des Bergwerksbesitzers den Kausalzusammenhang zwischen Bergwerksbetrieb und Wasserzuführung unterbreche; man nahm infolgedessen an, daß die Zuführung des vom Bergwerksbesitzer gesammelten Wassers nicht mehr zum Betriebe des Bergwerkes gehöre, und sprach infolgedessen dem Grundstücksbesitzer das Recht zu, nach allgemeinen Grundsätzen die Zuführung des Wassers zu verbieten [2]); eine Ausnahme machte man nur für das unterirdisch zugeführte Wasser, wohl in der Annahme, daß die Gesetze, welche die Aufnahme zugeleiteten Wassers unter-

1) Die in Betracht kommenden Rechtsnormen gehören dem Partikularrecht an, da für das Wasserrecht gemäß Art. 65 EG. z. BGB. die landesrechtlichen Vorschriften unberührt bleiben und mangels eines einheitlichen preußischen Wassergesetzes die Vorschriften der einzelnen Partikularrechte in Geltung geblieben sind; die Rechtslage in den drei großen Rechtsgebieten des preußischen, gemeinen und französischen Rechtes ist aber im wesentlichen die gleiche, so daß die Ausführungen des Textes für alle drei Rechtsgebiete gelten können.

2) Entscheidungen des Obertribunals und des Reichsgerichts in der Zeitschrift für Bergrecht, Bd. 21 S. 249, Bd. 22 S. 104, Bd. 24 S. 239, Bd. 26 S. 119.

sagten, nur an die Zuführung über Tage gedacht hatten. Vielleicht hielt man auch bei unterirdischer Zuleitung den Kausalzusammenhang zwischen Bergwerksbetrieb und Zuführung für stärker, die Unterbrechung durch die Tätigkeit des Bergwerksbesitzers für geringer, was ja auch, rein äußerlich genommen, zutrifft. Allmählich erkannte man aber, daß auch der Bergwerksbesitzer, der seine Grubenwässer sammelt, sie in geregeltem Laufe dem Grundstücke zuführt und infolgedessen einen geringeren Schaden anrichtet, nicht schlechter gestellt werden dürfte als derjenige Bergwerksbesitzer, der sich um die Ableitung seiner Grubenwasser überhaupt nicht kümmert; schlechter gestellt war aber der Bergwerksbesitzer im ersten Falle deswegen, weil er hier seine Wasser überhaupt nicht dem Grundstücksbesitzer zuführen durfte, während er im zweiten Falle nur zur Entschädigung verpflichtet war. Die Rechtsprechung [1] und Literatur [2] gingen infolgedessen dazu über, die Zuführung von angesammeltem und in geregeltem Laufe geleitetem Grubenwasser in öffentliche oder private Flüsse dann zu gestatten, wenn die Ableitung das Maß des Allgemeinüblichen nicht überschritt. Ferner nahm man an, daß auch die das Maß des Allgemeinüblichen überschreitende Wasserzuführung nicht verboten werden könnte, wenn ein Verbot zur Einstellung des Betriebes des Bergwerkes führen würde [3]; der hiergegen erhobene Einwand [4], daß nach §§ 135ff. ABG. die Benutzung einer fremden Grundfläche über Tage nur nach vorangegangenem Enteignungsverfahren zulässig sei, ist

1) RG. in der Zeitschrift für Bergrecht, Bd. 27 S. 359 und S. 535, Bd. 34 S. 130, Bd. 35 S. 235, Bd. 38 S. 233 und S. 467, Bd. 45 S. 228.

2) Daubenspeck, Bergschaden, S. 59, und Haftpflicht, S. 24; Bitta, Ableitung der Grubenwasser, in der Zeitschrift für Bergrecht, Bd. 44 S. 234ff.

3) RG. in der Zeitschrift für Bergrecht, Bd. 30 S. 351, Bd. 35 S. 235, Bd. 37 S. 104, Bd. 38 S. 467; Bitta a. a. O. S. 234. Verursacht war diese Wendung der Rechtsprechung durch die unhaltbaren Zustände, wie sie Hense (Wassergesetzentwurf und Bergbau, in der Zeitschrift für Bergrecht, Bd. 35 S. 465ff.) an einem sehr lehrreichen Beispiel schilderte. Vgl. auch Fürst, Der Bergwerksbesitzer und die Privatflüsse, in der Zeitschrift für Bergrecht, Bd. 27 S. 161ff.

4) Westhoff, Bd. 1 S. 92f.

an sich zutreffend; der Gesetzgeber hat aber bei Erlaß dieser Bestimmung offenbar an die Benutzung einer größeren zusammenhängenden Grundfläche gedacht, deren Entziehung für die Verwertung des ganzen Grundstückes von Bedeutung ist, nicht aber an die Benutzung eines verhältnismäßig schmalen Grabens, der sich im Bedarfsfalle auf jeden beliebigen anderen Teil des Grundstückes verlegen läßt. — Ein unbedingtes Untersagungsrecht steht hiernach nur noch dem Besitzer von stehenden Gewässern und Kanälen zu sowie dem Grundstücksbesitzer, durch dessen Grundstück der Bergwerksbesitzer das Wasser zwecks Einführung in einen Fluß durchleiten will. Nach § 309 des Entwurfes des preußischen Wassergesetzes wird auch dieses Untersagungsrecht aufgehoben, sofern eine andere Ableitung nicht zweckmäßig ist oder nur mit erheblichen Mehrkosten durchgeführt werden kann, sofern ferner der für den Bergwerksbesitzer zu erwartende Nutzen den Schaden des Grundstücksbesitzers erheblich übersteigt und sofern endlich der Bergwerksbesitzer das Wasser in geeigneter Weise durch das Grundstück hindurchleitet. Selbstverständlich steht dem Grundstücksbesitzer, der die Zuführung des Wassers dulden muß, ein Anspruch auf volle Entschädigung zu; dieser ist auch in denjenigen Fällen, in denen er nicht auf der Vorschrift des § 148 ABG. beruht, nach den oben dargelegten Grundsätzen zu berechnen.

§ 15. Die schädlichen Einwirkungen.

I. Die Fälle, in denen ein Grundstück schädlichen Einwirkungen aus den Betrieben des Bergwerkes unterliegt, werden rechtlich nicht gleichmäßig behandelt, vielmehr ist zu unterscheiden, welcher Betrieb die schädliche Einwirkung ausübt.

A. Wirkt das Bergwerk selbst auf das Grundstück schädigend ein, indem z. B. der Ruß eines Tagesbaues sich auf dem Grundstücke festsetzt oder Kalilauge das Wasser eines Flusses unbenutzbar macht, so kommt die Vorschrift des § 148 ABG. zur Anwendung[1]; auf Grund dieser Be-

1) Vgl. z. B. RG. in der Zeitschrift für Bergrecht, Bd. 40 S. 479.

stimmung kann der Grundstücksbesitzer von dem Bergwerksbesitzer Entschädigung verlangen.

B. 1. Wirkt eine der zur Aufbereitung der Bergwerkserzeugnisse erforderlichen Anstalten (§ 58 ABG.), z. B. eine Brikettfabrik, schädigend auf das Grundstück ein, so wird man unterscheiden müssen, ob die schädigende Einwirkung durch einen mit dieser Anstalt verbundenen Dampfkessel oder Triebwerk hervorgerufen ist oder nicht. Ist dies nicht der Fall, so kann der Grundstücksbesitzer gemäß § 1004 BGB. die Beseitigung der Einwirkung verlangen, es sei denn, daß die Einwirkung der Benutzung des Grundstückes nicht oder nur unwesentlich beeinträchtigt oder daß die Benutzung der Anlage des Bergwerksbesitzers nach den örtlichen Verhältnissen bei Grundstücken dieser Art gewöhnlich ist. Ob die letztgenannte Ausnahme vorliegt, ist Tatfrage; ist sie gegeben, so steht dem Grundstücksbesitzer jedenfalls ein Anspruch auf Entschädigung gegen den Bergwerksbesitzer zu[1]); ist sie nicht gegeben, so kann der Bergwerksbesitzer gegenüber dem Anspruch auf Beseitigung der Einwirkung die bergrechtliche Enteignung gemäß §§ 135 ff. BGB. verlangen, ist aber dann ebenfalls zur Entschädigung verpflichtet[2]).

2. Hat dagegen ein zum Betriebe auf Bergwerken und Aufbereitungsanstalten dienender Dampfkessel oder Triebwerk schädigend eingewirkt, so kann der Grundstücksbesitzer niemals Beseitigung der Einrichtung, sondern nur nach seiner Wahl entweder die Herstellung von Vorkehrungen, welche die benachteiligenden Einwirkungen ausschließen, oder Schadloshaltung verlangen (§ 26 der Gewerbeordnung). Die abweichende Regelung ist darauf zurückzuführen, daß die Anlage derartiger Dampfkessel und Triebwerke einer behördlichen Genehmigung

1) Staudinger, 5/6. Aufl., Bd. 3 S. 240 und die dort zitierte Rechtsprechung.

2) Bei einer zum Absatze des Minerals erforderlichen Anstalt, z. B. einer Zechenanschlußbahn, ist auch keine Enteignung möglich, so daß hier der Grundstücksbesitzer den Betrieb auf Grund des § 1004 BGB. untersagen kann (vgl. RG. in der Zeitschrift für Bergrecht, Bd. 52 S. 527).

bedarf, die erst nach erfolgter Bekanntmachung und Entgegennahme etwaiger Einsprüche erteilt wird.

C. Die gleichen Grundsätze wie für Dampfkessel und Triebwerke gelten, wenn die schädliche Einwirkung von einer Anlage zur Aufbereitung oder Verarbeitung ausgeht, die außerhalb des Gewinnungsortes des Minerals errichtet ist. Derartige Anstalten, wie z. B. eine bei einer Eisenhütte gelegene Kokerei, in welche die gewonnene Kohle gebracht wird und aus der dann der Koks direkt in die Hochöfen gestürzt wird, unterliegen überhaupt nicht den Vorschriften der Bergpolizeibehörde, sondern denjenigen der Gewerbepolizei; sie sind von der Rechtsordnung als in vollem Umfange konzessionspflichtig erklärt worden, während bei den in der Nähe des Bergwerkcs errichteten Anstalten nur die Dampfkessel und Triebwerke genehmigungspflichtig sind. Wirkt nun eine derartige genehmigte Anlage schädigend auf ein Grundstück ein, so kann der Grundstücksbesitzer nicht Beseitigung, sondern nur Herstellung von Verhütungsmaßregeln oder Schadloshaltung verlangen.

Alles in allem: Der Grundstücksbesitzer kann niemals Beseitigung der Anlage verlangen, von der die schädigenden Einwirkungen ausgehen; sein Anspruch beschränkt sich vielmehr auf Entschädigung, daneben in gewissen Fällen auf Herstellung von Verhütungsmaßregeln; in einem Falle bedarf es freilich nach geltendem Rechte zur Abwehr des Beseitigungsanspruchs des Grundstücksbesitzers einer bergrechtlichen Enteignung, die durch die Sachlage nicht gerechtfertigt wird und deshalb als de lege ferenda unerwünscht bezeichnet werden muß.

II. A. Die Entscheidung des Kausalzusammenhanges zwischen Einwirkung und Schaden bereitet gewöhnlich bei Hausgrundstücken keine Schwierigkeiten; denn die Fragen, inwieweit die Holz- oder Steinteile eines Gebäudes von Gasen zersetzt werden können und inwieweit das Bewohnen eines Gebäudes infolge schädlicher Gerüche die Gesundheit gefährden kann, sind von der chemischen bzw. medizinischen Wissenschaft im wesentlichen geklärt; Schwierigkeiten bereiten dagegen häufig die der Agrikulturchemie und Botanik angehörigen Probleme, ob der mangelnde Bodenertrag auf schädliche Gase oder aber auf andere Ursachen (ungünstigen Boden, mangelhafte Aussaat oder Bestellung etc.) zurückzuführen ist.

B. 1. Der durch die Einwirkungen herbeigeführte Schaden besteht bei landwirtschaftlichen Grundstücken darin, daß sich der zugeführte schädliche Stoff, sei es in festem sei es in gasförmigem Aggregatzustande, auf die Ackerkrume oder die landwirtschaftlichen Erzeugnisse legt, einen Ertragsausfall verursacht und die Benutzung des Grundstückes zu der bisherigen Kulturart verhindert.

2. Bei Gewässern kommen nur die Einwirkungen schädlicher Stoffe in festem Aggregatzustande in Frage; diese setzen sich am Boden fest oder verunreinigen die Wasseroberfläche; sie schädigen die Fischzucht, hindern die Entnahme geeigneten Wassers für Kanalisationszwecke oder den Hausbedarf, benachteiligen den Betrieb von Wassermühlen und führen, falls sich am Boden erhebliche Massen ansetzen, die Ueberschwemmung der anstoßenden Grundstücke herbei.

3. Auf bebaute Grundstücke wirken schädliche Stoffe nur in gasförmigem Aggregatzustande ein; entweder werden die Wandungen von zersetzenden Stoffen angegriffen, oder die Luft wird durch die Stoffe derartig verunreinigt, daß das Bewohnen des Hauses gesundheitsschädlich oder wenigstens nicht angenehm ist.

III. Die Entschädigung ist fast immer als eine dauernde zu gewähren, da vorübergehende Schäden nur bei katastrophalen Einwirkungen vorkommen. Infolgedessen ist es auch z. B. nicht zulässig, daß der Grundstücksbesitzer den Ertragsausfall für einige Jahre verlangt, wie er dies häufig tut und wie es ihm auch stets zugebilligt wird; vielmehr muß hier, sofern sich aus dem Tatbestande ergibt, daß es sich um eine fortdauernde Einwirkung handelt, von Amts wegen, auch ohne Einwand des Bergwerksbesitzers, darauf hingewirkt werden, daß der Grundstücksbesitzer Entschädigung für einen dauernden Schaden, die ja gewöhnlich in einer Kapitalsabfindung besteht, verlangt.

A. Da die Einwirkungen fortdauernde sind, so wird der Entschädigungsanspruch nur selten auf Herstellung gerichtet sein; denn selbst wenn der Grundstücksbesitzer Herstellung verlangt, so wird doch der Bergwerksbesitzer auf Grund seiner Befugnis aus § 251 Abs. 2 BGB. Umwandlung des Anspruchs in eine Schadensersatzforderung in allen denjenigen Fällen begehren, in denen eine Herstellung die Fortdauer der schädlichen Einwirkungen nicht verhindern kann. Dies ist fast stets der Fall bei Beschädigung landwirtschaftlicher Grundstücke; denn ein Schutz der Ackerkrume und der landwirtschaftlichen Erzeugnisse gegen schädliche Einwirkungen ist nur in den seltensten Fällen möglich. Auch bei Beschädigung von Hausgrundstücken wird es selten zur Herstellung kommen; denn die Abwehr von zukünftigen unangenehmen oder gesundheitsgefährlichen Gerüchen ist unmöglich, und auch eine Immunisierung der steinernen oder hölzernen Teile des Gebäudes gegen das künftige Eindringen zersetzender Stoffe läßt sich nur selten durchführen. Verhältnismäßig am häufigsten wird noch der Herstellungsanspruch bei Verunreinigung von Gewässern gegeben sein; allerdings kommt er auch hier kaum in Betracht bei Ablagerung von Stoffen im Flußbett bzw. dem Boden des stehenden Gewässers, wohl aber bei Verunreinigung des Wassers selbst; hier wird nicht selten der Anspruch gerichtet sein auf Errichtung einer Kläranlage, immerhin dürfen auch hier die Kosten der Errichtung und Unterhaltung der Kläranlage nicht außer Verhältnis stehen zu dem durch die Verunreinigung angerichteten Schaden.

B. Neben der Herstellung kann der Grundstücksbesitzer noch Schadensersatz verlangen, und zwar kann er den Ergänzungsanspruch aus § 251 Abs. 1 Fall 1 BGB. und die Forderung auf Ersatz des Verzugsschadens geltend machen. Im einzelnen gelten hier die gleichen Grundsätze wie bei der Wasserzuführung, und es wird deshalb auf das oben S. 95 ff. Gesagte verwiesen.

C. Eine eigentümliche Abart des Herstellungsanspruchs ist die auf § 26 der Gewerbeordnung beruhende Forderung auf Herstellung von Einrichtungen, welche die benachteiligenden Einwirkungen ausschließen. Diese Vorschrift geht von der richtigen Erwägung aus, daß dauernde Abhilfe gegen schädliche Einwirkungen, die von Anlagen ausgehen, seltener durch Herstellung der beschädigten Sache als durch Aenderung der Konstruktion der schädigenden Anlage zu erreichen ist. Diese Erwägung würde übrigens in gleicher Weise auf die Aufbereitungsanstalten des § 58 ABG. zutreffen; es wäre daher erwünscht, für diese Anstalten die gleiche Regelung zu treffen[1]). Selbstverständlich kann neben der Forderung auf Anbringung von Vorkehrungsmaßregeln auch der Anspruch auf Herstellung der beschädigten Sache oder auf Schadensersatz geltend gemacht werden.

D. In der großen Mehrzahl der Fälle, in denen ein Grundstück schädlichen Einwirkungen unterliegt, wird der Grundstücksbesitzer Schadensersatz verlangen. Dieser richtet sich nach der Art des beschädigten Gegenstandes und wird in §§ 17—20 dieser Abhandlung eingehend besprochen werden.

§ 16. Die Bodensenkungen.

I. A. Die meisten Grundstücksschäden entstehen infolge der Bodensenkungen: Das infolge des Abbaus des Minerals ausgehöhlte Erdinnere drückt sich zusammen, die oberen Schichten geben ebenfalls nach und diese Senkungen pflanzen sich bis zur Erdoberfläche fort; sie sind nicht immer regelmäßig, sondern hängen in ihrem Umfange ab von der Härte des Gesteins, welches dem Drucke von oben in verschiedener Weise nachgibt, von dem Querschnitt der Höhlung, von der Entfernung der Höhlung bis zur Erd-

1) Zweckmäßig erscheint es, dem § 58 ABG. folgenden zweiten Absatz hinzuzufügen:

„Wird durch die Anstalt ein Grundstück beschädigt, so findet auf die Ansprüche des Grundstücksbesitzers die Vorschrift des § 26 der Gewerbeordnung entsprechende Anwendung.“

Hiermit würde auch der Beseitigungsanspruch des Grundstücksbesitzers aus § 1004 BGB. entfallen, da § 58 Abs. 2 ABG. i. Verb. m. Art. 67 Abs. 1 EG. z. BGB. als Spezialvorschrift vorgehen würde, und es würde keiner bergrechtlichen Enteignung zur Abwehr des Beseitigungsanspruchs mehr bedürfen.

oberfläche und endlich von der steileren oder flacheren Lagerung des abgebauten Minerals. Auch sonstige Umstände, die bisher von der Wissenschaft noch nicht genügend festgestellt sind, kommen für den Umfang der Senkungen in Betracht; es ist jedenfalls nicht möglich, nach der Lagerung, dem Querschnitt der Höhlung, der Härte des Gesteins etc. den Verlauf und Umfang einer Senkung auch nur annähernd zu bestimmen. Fest steht nur, daß Bodensenkungen in der Regel nur allmählich eintreten und Jahre hindurch fortdauern.

B. Mangels eingehender Kenntnis des Verlaufs von Bodensenkungen bereitet die Feststellung des Kausalzusammenhanges oft die größten Schwierigkeiten [1]. Bei der herrschenden Unsicherheit wird deshalb gewöhnlich angenommen, daß Bodensenkungen, die sich im Bereiche eines Grubenfeldes befinden und während des Abbaus oder einige Jahre später aufgetreten sind, auf den Bergbau zurückzuführen sind, es sei denn, daß aus den besonderen Gründen des Einzelfalles ein Kausalzusammenhang unmöglich oder unwahrscheinlich ist. Im Bereiche des Grubenfeldes ist die Bodensenkung nach der in der geognostischen Wissenschaft herrschenden Ansicht dann gelegen, wenn eine im Winkel von 58° zur Lagerstätte geneigte Ebene sie noch erreichen würde; man ging bei diesem Grundsatze davon aus, daß sich Bodensenkungen im Winkel von höchstens 58°, dem sogenannten Bruchwinkel, fortpflanzen können, doch ist auch dies nach neueren Untersuchungen wieder zweifelhaft geworden.

Liegen vorstehende formelle Voraussetzungen des Kausalzusammenhanges vor, so wird dem Bergwerksbesitzer von

1) Interessantes Material dafür, daß Schäden, die nach ihren äußeren Merkmalen auf den Bergbau als Ursache hinweisen, in Wirklichkeit oft auf Fehler der Baukonstruktion zurückzuführen sind, liefert der Aufsatz von Mentzel, Beiträge zur Bergschädenfrage, im „Glückauf", Jahrgang 1607 S. 3ff.; dgl. auch Witte, Die Ursachen von Gebäudebeschädigungen, im „Glückauf", Jahrgang 1909 S. 187ff.; Schwidtal, Angebliche Bergschäden und ihre wirklichen Ursachen, im „Glückauf", Jahrgang 1910 S. 127ff.; Fromme, Beiträge zur Bergschädenfrage, im „Glückauf", Jahrgang 1910 S. 1607ff.

der Praxis der Gegenbeweis überlassen, ob die Senkungen bzw. die durch Senkungen hervorgerufenen Schäden auf andere Ursachen, insbesondere auf schlechte Beschaffenheit des Baugrundes oder des Baumaterials, zurückzuführen sind. Bei dem jetzigen Stande der Wissenschaft wird man sich mit dieser Regelung begnügen müssen. Die an sich schon schwierige Feststellung des Kausalzusammenhanges wird dadurch noch erschwert, daß meist die Schäden auftreten, bevor man eine Beobachtung der Bodensenkungen vorgenommen hat; eine spätere Beobachtung durch Aufnahme des Nivellements etc. kann natürlich keinen Ersatz schaffen, da die die Schäden hervorrufenden Bodensenkungen zu einer früheren Zeit eingetreten sind; der Eintritt oder Nichteintritt von Bodensenkungen in diesem späteren Stadium läßt höchstens einen mehr oder weniger richtigen Schluß auf die früheren Senkungen zu.

C. Die durch die Bodensenkungen herbeigeführten Schäden zeigen sich, soweit sie nicht indirekt eine Wasserzuführung zur Folge haben [1]), mehr bei bebauten als bei unbebauten Grundstücken, und zwar aus einem doppelten Grunde: Erstens belastet ein Gebäude die Grundfläche sehr erheblich und übt auf sie einen Druck aus, der Senkungen fördert; dies fällt bei unbebauten Grundstücken fort. Zweitens hindern Bodensenkungen die Verwertung eines Grundstückes zu landwirtschaftlichen und industriellen Zwecken nur dann, wenn die Senkungen sehr bedeutend sind; Gebäude dagegen können schon durch geringfügige Senkungen, namentlich wenn sie unregelmäßig sind, sehr bedeutend beschädigt werden.

1. Eine eigentümliche Zwitterstellung nehmen Grundstücke ein, die zwar nicht bebaut sind, bei denen aber die Möglichkeit der Bebauung vorliegt: Die physische Beschädigung ist bei ihnen die gleiche wie bei landwirtschaftlichen und Industriegrundstücken, aber sie gewinnt erhebliche Bedeutung dadurch, daß die Möglichkeit der Bebauung fortfällt oder erschwert wird; diese Erschwerung der Bebauung ist ein Schaden, den der Bergwerksbesitzer eben-

1) Vgl. oben S. 98 f.

falls zu vergüten hat; er kann dies dadurch tun, daß er Vorkehrungsmaßregeln, insbesondere durch Anbringung einer Verankerung, trifft, welche das zu errichtende Gebäude gegen Schäden völlig oder wenigstens teilweise sichern; er kann aber auch allein für sich oder neben den Vorkehrungsmaßregeln dem Grundstücksbesitzer den durch die Erschwerung der Bebauung entstandenen Schaden ersetzen. Dieser Schaden besteht, sofern der Grundstücksbesitzer Ersatz des Tauschwertes verlangt, in der Minderung des Grundstückswertes selbst, da in dem vom Verkehre bestimmten Werte bereits die Möglichkeit der Bebauung berücksichtigt ist; fordert der Grundstücksbesitzer dagegen den Gebrauchswert, so stellt sich der Schaden dar als eine Minderung des entgangenen Gewinnes; denn der Grundstücksbesitzer würde, wenn er das Grundstück hätte bebauen können, höhere Erträgnisse aus ihm erzielt haben.

2. Bei bebauten Grundstücken besteht der Schaden in der Beschädigung des Gebäudes und seiner Teile; in den Mauern, Balken usw. bilden sich Risse, die Wände weichen aus der lotrechten, die Fußböden aus der horizontalen Lage; der Putz fällt an der Innen- und Außenseite herab und kann beim Aufschlagen noch andere Gegenstände beschädigen; Regen und Wind erhalten infolge der Risse leichteren Zutritt, erfordern im Winter den Verbrauch eines größeren Heizungsmaterials und machen während aller Jahreszeiten das Haus unwohnlich. Bei sehr erheblichen Beschädigungen kann selbst eine Einsturzgefahr eintreten, welche die Räumung des Hauses erforderlich macht; aber selbst durch einen geringeren Schaden kann das Haus derartig unwohnlich werden, daß die Bewohner das Mietsverhältnis kündigen und andere Personen von dem Abschluß eines Mietsvertrages Abstand nehmen.

3. Bei landwirtschaftlichen und Industriegrundstücken kann ein Schaden nur durch Tagesbrüche, welche ein Betreten des Grundstückes als gefährlich erscheinen lassen oder das Aufstellen von Maschinen verhindern, entstehen, höchstens kann ausnahmsweise ein Schaden dann eintreten, wenn unregelmäßige Senkungen die ur-

sprüngliche Gestaltung der Erdoberfläche verändern und dadurch den bestimmten landwirtschaftlichen oder industriellen Zweck, zu welchem das Grundstück verwertet wird, unmöglich machen. Insoweit zur Ausnutzung von landwirtschaftlichen oder Industriegrundstücken die Errichtung eines Gebäudes erforderlich ist, z. B. eines Ringofens für einen Ziegeleibetrieb, tritt die Beschädigung der landwirtschaftlichen und Industriegrundstücke schon durch die Beschädigung des Gebäudes ein.

II. A. 1. a) Bei der Entschädigung wird man unterscheiden müssen, ob die Herstellung unmöglich, ob sie in vollem Umfange möglich oder ob sie teilweise möglich ist. Unmöglich ist die Herstellung bei bebauten Grundstücken, wenn der Boden derartig unterwühlt ist, daß er selbst bei Beobachtung aller Verhütungsmaßregeln dem Drucke des Gebäudes weiter nachgeben wird, wenn also eine dauernde Erhaltung eines Gebäudes auf dem fraglichen Platze nicht möglich ist; selbstverständlich bleiben unbedeutende Senkungen, die vielleicht keine Schäden hervorrufen könnten, außer Betracht. Nicht dagegen liegt Unmöglichkeit der Herstellung dann vor, wenn nur das Gebäude selbst so beschädigt ist, daß seine Herstellung nicht möglich ist; in diesem Falle könnte der Grundstücksbesitzer Errichtung eines neuen Gebäudes auf dem alten Platze verlangen.

b) Bei einem Grundstücke mit Baulandeigenschaft ist die Herstellung dann unmöglich, wenn das Grundstück infolge der Bergbauschäden nicht mehr bebaubar ist; können aber Gebäude unter Anwendung von Vorsichtsmaßregeln (Verankerung etc.) errichtet werden, so ist die Herstellung nicht unmöglich; dies auch dann, wenn sich trotz der Verankerung voraussichtlich einige Schäden zeigen werden. Nicht völlige, sondern nur teilweise Unmöglichkeit der Herstellung liegt dann vor, wenn sich auf dem Grundstücke zwar nicht das von dem Grundstücksbesitzer gewünschte Gebäude, wohl aber ein leichterer Bau errichten lassen würde.

c) Bei landwirtschaftlichen und Industriegrundstücken ist die Herstellung unmöglich, wenn die bereits im Gange befindliche Bodenbewegung fortdauert, so daß infolge der künftig eintretenden Senkungen auf eine Herstellung trotz Anhöhung des Bodens nicht zu rechnen ist. Unmöglich ist die Herstellung auch dann, wenn die Senkungen zwar in absehbarer Zeit aufhören werden, zurzeit aber noch fortdauern; denn der Grundstücksbesitzer hat Anspruch auf sofortige Herstellung und braucht sich mit einer künftigen Herstellung nicht zu begnügen, kann diese andererseits aber auch nicht verlangen; eine künftige Herstellung würde auch dem Interesse beider Parteien widersprechen, da in dem Falle, daß die Bodenbewegungen in dem erwarteten Zeitpunkte noch nicht aufhören, mithin eine Herstellung in diesem Zeitpunkte dann doch nicht möglich sein würde, nur neue Komplikationen entstehen würden. — Besonders gilt dann, wenn Gegenstand der Beschädigung zwar ein landwirtschaftliches oder Industriegrundstück ist, wenn aber die Beschädigung dadurch hervorgerufen ist, daß ein dem landwirtschaftlichen oder industriellen Betriebe dienendes Gebäude, z. B. eine Scheune, ein Ringofen, ein Hochofen, beschädigt wird. Hier liegt Unmöglichkeit der Herstellung nicht schon dann vor, wenn derselbe Platz nicht mehr für einen derartigen Bau verwendet werden kann, andererseits braucht auch nicht die Voraussetzung vorzuliegen, daß die Bodenbewegungen noch fortdauern; in diesem Falle ist vielmehr die Herstellung dann unmöglich, wenn der Bau weder auf dem gleichen Platze noch auf einem anderen, an welchem er ebenfalls dem landwirtschaftlichen oder industriellen Zwecke dienen könnte, errichtet werden kann.

2. In allen Fällen, in denen die Herstellung unmöglich ist, kann der Grundstücksbesitzer Schadensersatz verlangen; hierzu gehört auch Ersatz des konkreten Schadens, des Verzugsschadens und des entgangenen Gewinnes. Da die Berechnung des Schadensersatzes sich nach dem Gegenstande der Beschädigung bestimmt, wird sie in den folgenden Paragraphen behandelt werden; die Berechnung des Materialschadens eines Gebäudes wird dagegen schon am Ende des vorstehenden Paragraphen dargelegt werden.

B. 1. In vollem Umfange möglich ist die Herstellung bei bebauten Grundstücken nur sehr selten; zwar läßt sich das infolge der Bodensenkungen beschädigte Gebäude in den meisten Fällen reparieren, erfahrungsgemäß ist aber ein derartiges repariertes Gebäude gegen neue zerstörende Einwirkungen nicht mehr so widerstandsfähig wie ein unbeschädigtes; infolge der Reparatur wird es nicht mehr so lange benutzt werden können wie ohne diese, d. h. seine Standdauer wird verkürzt; diese Verkürzung der Standdauer läßt sich nicht durch Herstellung beseitigen, sondern nur durch Schadensersatz. Naturgemäß wird bei geringfügigen Reparaturen die Verkürzung der Standdauer eine so geringe sein, daß für einen Anspruch auf Schadensersatz kein Raum ist; immerhin wird, theoretisch betrachtet, durch die Reparatur eines Gebäudes niemals ein Schaden völlig beseitigt, vielmehr bleibt daneben stets ein Schadensersatzanspruch infolge der Verkürzung der Standdauer bestehen und daneben manchmal auch, wie gleich an dieser Stelle bemerkt sei, ein solcher infolge der Unmöglichkeit, die Schäden durch eine Reparatur vollkommen zu beseitigen. In vollem Umfange würde hiernach die Herstellung nur dann möglich sein, wenn der Bergwerksbesitzer zur Errichtung eines neuen Gebäudes verpflichtet sein würde; dies braucht er aber, wie oben S. 24 f. ausgeführt, nur dann, wenn auch eine annähernde Herstellung durch Reparatur des beschädigten Gebäudes dem Interesse des Grundstücksbesitzers widersprechen würde, d. h. wenn es so beschädigt ist, daß sich eine Reparatur nicht lohnt; Voraussetzung ist also eine sehr beträchtliche Beschädigung des alten Gebäudes, und diese setzt wiederum eine sehr starke Bodenbewegung voraus. Nun ist aber, wie oben erwähnt ist, eine Herstellung völlig unmöglich, wenn die Bodenbewegung noch fortdauert. Hieraus ergibt sich, daß einmal die Bodenbewegung beendigt sein muß, damit überhaupt eine Herstellung möglich ist, daß aber andererseits die frühere Bodenbewegung sehr stark gewesen sein muß, damit der Grundstücksbesitzer die Errichtung eines neuen Gebäudes beanspruchen kann. Beide Voraussetzungen werden nur sehr selten zusammentreffen, da eine sehr starke

Bodenbewegung gewöhnlich auch längere Zeit fortdauert. Es kommt daher auch sehr selten vor, daß die Herstellung von gesunkenen Hausgrundstücken in vollem Umfange möglich ist.

2. Bei Grundstücken, die zwar noch nicht bebaut sind, aber Baulandeigenschaft haben, kommt es häufiger vor, daß Herstellung in vollem Umfange möglich ist. Allerdings scheiden diejenigen Fälle aus, bei denen im Falle künftiger Bebauung des Grundstückes eine Beschädigung des Gebäudes unter allen Umständen zu erwarten ist. Wohl aber ist eine Herstellung in vollem Umfange dann möglich, wenn es nur der Anbringung von Vorkehrungsmaßregeln, insbesondere einer Verankerung, bedarf, um das Gebäude gegen Schäden völlig zu sichern. Daneben kann allerdings der Grundstücksbesitzer, wenn er den Tauschwert fordert, noch geltend machen, daß im Verkehr die Gefahr von Bergschäden bei einem verankerten Gebäude für größer gilt, weil die Interessenten durch die Verankerung auf das Umgehen des Bergbaus hingewiesen werden, und daß mithin der Tauschwert infolge der Anbringung der Verankerung sinkt. Diese Erwägung ist aber nicht immer richtig, da in Bergbau treibenden Gegenden jeder Grundstückskäufer an die Gefahr der Bergbauschäden denkt und mancher auch das Risiko für geringer hält, wenn das Haus mit einer guten Verankerung versehen ist. Ob und inwieweit also der Grundstücksbesitzer noch aus diesem Gesichtspunkte einen Schadensersatzanspruch herleiten kann, richtet sich nach den in jedem einzelnen Falle maßgebenden Anschauungen des Verkehrs [1]).

3. a) Bei landwirtschaftlichen und Industriegrundstücken ist die Herstellung dann möglich, wenn die Bodensenkungen nicht mehr fortdauern. Hiernach kann der Grundstücksbesitzer in zahlreichen Fällen die Herstellung verlangen, die bei der Unmöglichkeit, den gesunkenen Boden zu heben, in der Anschüttung neuen Bodens bestehen müßte. Fast immer wird aber der Bergwerksbesitzer von

---

1) Vgl. RG. in der Zeitschrift für Bergrecht, Bd. 37 S. 483 f.

seiner Befugnis aus § 251 Abs. 2 BGB. Gebrauch machen, statt der Herstellung Schadensersatz zu leisten. Denn bei landwirtschaftlichen und industriellen Grundstücken ist ein Schaden, wie schon oben S. 115 f. ausgeführt ist, nur bei sehr erheblichen Bodensenkungen entstanden; die Auffüllung sehr erheblicher Bodensenkungen verursacht sehr große Kosten, sofern es sich nicht um engbegrenzte Gebiete, insbesondere um Tagesbrüche, handelt. Diese Kosten stehen gewöhnlich außer Verhältnis zu dem Schaden, der ja bei landwirtschaftlicher oder industrieller Verwertung des Grundstückes in der Regel verhältnismäßig gering ist. Es kommt aber noch ein zweites Moment hinzu: Wenn auch die Einwirkung des Bergbaus, welche die schadenbringende Bodensenkung hervorgerufen hat, fortgefallen ist, so dauert doch der Betrieb des Bergwerkes selbst meist noch fort, und neue Einwirkungen sind zu befürchten oder vielleicht schon eingetreten; eine Herstellung des beschädigten Grundstückes würde daher infolge neuer Bodenbewegung bald wieder illusorisch werden. In diesem Falle ist der Bergwerksbesitzer ebenfalls gemäß § 251 Abs. 2 BGB. berechtigt, statt Herstellung Schadensersatz zu leisten, da die Kosten der Herstellung unverhältnismäßig groß sein würden zu dem durch sie herbeigeführten Nutzen [1]).

b) Verhältnismäßig häufig ist dagegen völlige Herstellung möglich bei landwirtschaftlichen oder Industriegrundstücken, die infolge Beschädigung eines ihrem Zwecke dienenden Gebäudes einen Schaden erlitten haben. Allerdings erfolgt auch hier keine völlige Herstellung, wenn das Gebäude lediglich repariert wird; wohl aber ist die Herstellung in vollem Umfange dann möglich, wenn der Platz, auf dem das beschädigte Gebäude steht, für die Benutzung des alten oder Errichtung eines neuen Gebäudes unbrauchbar ist, dagegen ein anderer Platz sich für die Errichtung eines Gebäudes eignet und in diesem Falle weder Bergbauschäden an dem neuen Gebäude zu besorgen sind noch der Betrieb durch die Verlegung des Gebäudes erschwert wird.

1) Vgl. oben S. 28.

In diesem Falle ist eine Herstellung, bestehend in der Errichtung eines neuen Gebäudes auf einem anderen Platze, in vollem Umfange möglich. Daneben steht dem Grundstücksbesitzer ein Ergänzungsanspruch aus § 251 Abs. 1 Fall 2 BGB. zu, wozu neben dem Anspruch auf konkreten Schaden und den entgangenen Gewinn insbesondere noch die Forderung auf Ersatz der durch den Stillstand des Betriebes und die Verlegung des Gebäudes entstandenen Aufwendungen gehört; außerdem kann der Grundstücksbesitzer Ersatz seines Verzugsschadens verlangen.

C. 1. In allen übrigen Fällen ist eine teilweise Herstellung möglich. Eine solche kommt allerdings niemals in Frage bei landwirtschaftlichen oder Industriegrundstücken, wenn nicht ein den Betriebszwecken dienendes Gebäude beschädigt ist; denn hier ist entweder die Herstellung unmöglich oder sie ist durch Auffüllung der gesunkenen Stellen in vollem Umfange möglich; dazwischen bleibt für eine teilweise Herstellung kein Raum. Denkbar wäre allerdings, daß ein Teil der Schäden durch Aufschüttung beseitigt und der Rest durch Leistung von Schadensersatz abgegolten würde; aber auch hier wird man nicht annehmen dürfen, daß der gesamte Schaden durch Herstellung teilweise beseitigt wird, sondern vielmehr, daß ein Teil des Schadens in vollem Umfange und der Rest garnicht durch Herstellung beseitigt werden kann; die Teilung zwischen Möglichkeit und Unmöglichkeit der Herstellung ist hier eben eine quantitative, nicht wie in sonstigen Fällen eine qualitative.

2. Bei der Beschädigung anderer Grundstücke, nämlich der bebauten Grundstücke oder Grundstücke mit Baulandqualität und solcher landwirtschaftlicher und industrieller Grundstücke, bei denen ein Betriebsgebäude beschädigt ist, hat dagegen die teilweise Herstellung eine hervorragende Bedeutung; bei ihnen bilden die Fälle, in denen die Herstellung in vollem Umfange möglich oder gänzlich unmöglich ist, die Ausnahmen, dagegen die Fälle, in denen die Herstellung teilweise möglich ist, die Regel. Daß die Herstellung hier gewöhnlich teilweise möglich ist,

hängt mit dem Wesen des Gebäudes als solchem zusammen: wird ein Gebäude beschädigt, so läßt es sich zwar in der Regel ausbessern, aber die Reparaturen haben zur Folge, daß die Gefüge des Gebäudes nicht mehr so intakt sind wie die eines unbeschädigten Gebäudes und daß infolgedessen die Standdauer des Gebäudes verkürzt wird.

a) Der Gedanke, nunmehr an Stelle eines unbeschädigten ein ausgebessertes, neuen Schäden leichter ausgesetztes Gebäude mit verkürzter Standdauer zu erhalten, wird manchen Grundstücksbesitzer dazu bestimmen, die Herstellung, auch soweit eine solche möglich ist, ganz zu vermeiden und statt dessen in vollem Umfange Schadensersatz zu verlangen. Die Möglichkeit hierzu bietet ihm § 250 BGB.; er kann dem Bergwerksbesitzer eine angemessene Frist zur Herstellung setzen mit der Erklärung, daß er nach dem Ablauf der Frist die Herstellnng ablehne; nach fruchtlosem Ablauf der Frist kann er dann Schadensersatz statt der Herstellung verlangen. Natürlich ist der Schadensersatzanspruch beschränkt auf den Wertunterschied zwischen dem Grundstücke mit dem noch vorhandenen beschädigten Gebäude und einem Grundstücke mit einem unbeschädigten Gebäude; der Grundstücksbesitzer kann nicht etwa Ersatz des Wertes eines Grundstückes nebst unbeschädigtem Gebäude ohne Anrechnung des ihm verbleibenden Grundstückes nebst beschädigtem Gebäude fordern. — Besonders häufig wird der Besitzer eines Grundstückes mit Baulandeigenschaft von der Befugnis des § 250 BGB. Gebrauch machen; denn wenn anzunehmen ist, daß das zu errichtende Gebäude trotz Vorkehrungsmaßregeln nennenswerten Schaden erleiden wird, so ist es für den Grundstücksbesitzer in der Regel vorteilhafter, von der Errichtung eines Gebäudes an der vorgesehenen Stelle Abstand zu nehmen und mit dem als Schadensersatz geleisteten Betrage ein Baugrundstück in einer vor Bergbauschäden geschützteren Gegend zu erwerben. Die Umwandlung des Anspruchs in einen Schadensersatzanspruch ist hier für den Grundstücksbesitzer auch deswegen vorzuziehen, weil er die Herstellung gewöhnlich zunächst nur im Wege der Feststellungsklage verlangen kann [1]).

b) Verlangt der Grundstücksbesitzer dagegen Herstellung, so hat er noch die Wahl zwischen Herstellung in natura oder Zahlung des zur Herstellung erforderlichen Geldbetrages; welche Erwägungen ihn bei der Wahl zwischen diesen beiden Ansprüchen leiten sollen,. ist bereits oben S. 38 f. dargelegt.

$\alpha. \alpha_1$) Der Anspruch der Herstellung in natura ist bei bebauten Grundstücken auf die Beseitigung der vorhandenen Schäden gerichtet; zur Feststellung der Schäden bedient sich das Gericht gewöhnlich eines Bausachverständigen. Die Mittel zur Beseitigung der Mängel hat bei der Naturalherstellung weder das Gericht festzustellen noch der Sachverständige anzugeben, während sie bei dem Anspruche auf Zahlung des zur Herstellung erforderlichen Geldbetrages die Grundlage der Berechnung bilden [2]).

β_1) Die Herstellung von Grundstücken mit Baulandeigenschaft besteht vor allem darin, daß der Bergwerksbesitzer Vorkehrungsmaßregeln gegen künftige Bergschäden, insbesondere durch Lieferung einer Verankerung, trifft. Hier wird der Grundstücksbesitzer die Naturalherstellung wohl stets der Zahlung des zur Herstellung erforderlichen Geldbetrages vorziehen; denn er selbst wird die Vorkehrungsmaßregeln nur sehr selten zu einem geringeren als dem normalen Preis, den er vom Bergwerksbesitzer verlangen kann, treffen können, und außerdem setzt er sich bei künftigen Schäden dem Einwande des Bergwerksbesitzers aus, daß seine Vorkehrungsmaßregeln nicht ordnungsmäßig seien. Den Anspruch selbst kann der Grundstücksbesitzer nur dann in einer Leistungsklage erheben, wenn er mit dem Bau sogleich beginnen will. Anderenfalls könnte er, gleichviel ob er Naturalherstellung oder Zahlung des zur Herstellung erforderlichen Geldbetrages verlangt, nicht sofortige Leistung, sondern erst Leistung bei Errichtung des Gebäudes

---

1) Vgl. unten S. 124.

2) Vgl. oben S. 34.

begehren; die Geltendmachung eines derartigen Anspruchs auf künftige Leistung ist aber prozessual unzulässig. Es bleibt ihm daher nur übrig, eine Feststellungsklage zu erheben dahingehend, daß der Bergwerksbesitzer verpflichtet ist, bei Beginn der Errichtung des Baus die erforderlichen Vorkehrungsmaßregeln zu treffen, insbesondere eine Verankerung zu liefern, bzw. eine Feststellungsklage dahin gehend, daß der Bergwerksbesitzer bei Errichtung des Baus verpflichtet ist, die erforderlichen Beträge zu zahlen. Der Grundstücksbesitzer muß auch berechtigt sein, die Beseitigung der Schäden zu verlangen, die an dem zu errichtenden Gebäude entstehen können; da diese Schäden aber zur Zeit der letzten mündlichen Verhandlung noch nicht feststehen, so kann er auch diese Forderung nur in Form einer Feststellungsklage geltend machen dahingehend, daß der Bergwerksbesitzer verpflichtet ist, alle an dem zu errichtenden Gebäude auftretenden Schäden zu beseitigen, welche durch alle diejenigen Einwirkungen des Bergbaus hervorgerufen werden, die vor der letzten mündlichen Verhandlung erfolgt sind. In gleicher Weise kann der Grundstücksbesitzer auch eine Klage auf Feststellung der Schadensersatzpflicht des Bergwerksbesitzers erheben. Unterläßt der Grundstücksbesitzer die Erhebung einer derartigen Klage auf Feststellung künftiger Schäden, so setzt er sich dem Einwande der Verjährung aus § 151 ABG. aus, der sich darauf gründet, daß die Schäden auf alte Einwirkungen des Bergbaus, die schon vor Errichtung des Gebäudes bestanden haben, zurückzuführen seien und daß der Grundstücksbesitzer diese Einwirkungen auch gekannt habe, wie die Erhebung der ersten, auf Anbringung von Vorkehrungen gerichteten Klage beweise. Die Replik des Grundstücksbesitzers, er habe nicht annehmen können, daß der Bergbau trotz der Vorkehrungsmaßregeln noch Schäden hervorrufen werde, wird nicht immer Erfolg haben.

$\beta. \alpha_1$) Neben der teilweisen Herstellung muß der Bergwerksbesitzer Schadensersatz leisten, und zwar erstens für den vorübergehenden Minderwert vor Beseitigung der Schäden, da insoweit die Herstellung zur Entschädigung des Grundstücksbesitzers nicht genügend ist (§ 251 Abs. 1 Fall 2

BGB.), und zweitens für den nach erfolgter Herstellung dauernd verbleibenden Minderwert, da insoweit die Herstellung des beschädigten Gebäudes nicht möglich ist (§ 251 Abs. 1 Fall 1 BGB.). Diese zuletzt erwähnte teilweise Unmöglichkeit rührt einmal daher, daß nicht immer sämtliche Beschädigungen ausgebessert werden können, und zweitens daher, daß trotz der Reparaturen das Grundstück einen Minderwert erleidet, weil ein unbeschädigtes Gebäude stets widerstandsfähiger ist als ein beschädigtes und repariertes. Beide Momente bewirken eine Verminderung der Standdauer des Gebäudes; zur Berechnung des Minderwertes des Grundstückes wird man also den Materialschaden des Gebäudes ausrechnen müssen, welcher in der Verminderung der Standdauer zum Ausdrucke kommt.

Um diese Verkürzung der Standdauer zu berechnen, muß man zunächst den Wert des Gebäudes feststellen, den es in unbeschädigtem Zustande gehabt haben würde; man erhält ihn, indem man von dem Neubauwert den Verschleiß abzieht, der sich seinerseits nach dem Verhältnis der bisherigen zu der gesamten Standdauer des Gebäudes bestimmt und von den Bautechnikern nach einer als zutreffend festgestellten Formel (sog. Roßschen Formel) [1]) berechnet wird. Die durch die Einwirkung des Bergbaus hervorgerufene Verkürzung der Standdauer besteht nun nicht darin, daß das Bauwerk um die letzten Jahre seiner Existenz verkürzt ist, sondern darin, daß seine Abnutzung so beschleunigt wird, daß es nur noch den Wert eines älteren Gebäudes hat, mit anderen Worten: die Standdauer wird nicht um die letzten Jahre, sondern um die der bisherigen Standdauer folgenden nächsten Jahre verkürzt; wird z. B. die Standdauer eines Gebäudes, das bereits 40 Jahre steht und das in unbeschädigtem Zustande noch weitere 110 Jahre stehen würde, infolge der Einwirkung des Bergbaus um 30 Jahre verkürzt, so ist das Gebäude eben infolge des Bergbaus künstlich um 30 Jahre auf 70 Jahre „gealtert“; zu ersetzen ist daher der Unterschied der Werte, den das Gebäude bei 40-jähriger und bei 70-

---

1) Abgedruckt bei Westhoff, Bd. 1 S. 168.

jähriger Standdauer hat. — Die bis jetzt übliche Berechnung ist nicht richtig und überaus kompliziert; sie nimmt an, daß die Standdauer des Gebäudes um die letzten Jahre seines Bestehens verkürzt ist; sie berechnet dann den Wert, den das Gebäude in den letzten Jahren für den Grundstücksbesitzer gehabt haben würde, und erhält, da sie natürlich zur Feststellung des jetzigen Wertes die Zwischenzinsen abziehen muß, einen meist sehr geringen Betrag; zum Ausgleiche billigt sie dann noch dem Grundstücksbesitzer die kapitalisierten Mehraufwendungen zu, die er jährlich auf das Gebäude infolge seiner verkürzten Standdauer verwenden muß; diese Mehraufwendungen werden „abgeschätzt". — Der diesen Mehraufwendungen zugrunde liegende Gedanke ist durchaus zutreffend; ein Gebäude, das noch eine lange Lebensdauer vor sich hat, bedarf geringerer Reparaturen als ein seinem baldigen Verfall entgegengehendes Bauwerk; hieraus folgt aber eben, daß durch die Einwirkung des Bergbaus das Bauwerk um seine „besten" Jahre verkürzt ist; es steht nichts im Wege, dies auch direkt in der Berechnung zum Aus- zu bringen. Die Berechnung der bisher herrschenden Ansicht sucht dasselbe zu erreichen, ist aber willkürlich und übermäßig kompliziert.

Auf dieselbe Weise wird der Materialschaden des Gebäudes berechnet, wenn der Minderwert allein, nicht neben teilweiser Beseitigung der Schäden, von dem Bergwerksbesitzer zu leisten ist. Natürlich ist hier die Verkürzung der Standdauer des Gebäudes verhältnismäßig größer, als wenn es zum Teil repariert wird; der Unterschied zwischen dem Werte des Gebäudes in beschädigtem und in unbeschädigtem Zustande ist daher hier erheblicher.

Vorstehender Materialschaden des Gebäudes ist noch nicht ohne weiteres identisch mit dem Minderwerte des Grundstückes selbst, den der Bergwerksbesitzer zu ersetzen hat. Denn der Minderwert des Grundstückes besteht nicht nur in dem Materialschaden des Gebäudes, der, wie oben erwähnt, nach der Verkürzung der Standdauer berechnet wird, sondern auch in der Bedeutung, den dieser nach Verkürzung der Standdauer für den Wert des Grundstückes hat.

Die Verkürzung der Standdauer des Gebäudes kann den Wert des Grundstückes nicht nur vermindern, sondern unter Umständen auch erhöhen; das Nähere hierüber wird S. 157 ff. darzulegen sein.

β_1) Außer dem Minderwert können noch die beiden sonstigen Schadensersatzansprüche, der Ergänzungsanspruch aus § 251 Abs. 1 Fall 2 BGB., wozu auch die Forderung auf den konkreten Schaden und den entgangenen Gewinn gehört, sowie der Anspruch auf den Verzugsschaden, vom Grundstücksbesitzer gefordert werden; da diese Ansprüche sich nach dem Gegenstande der Beschädigung bestimmen, so werden sie in den folgenden Paragraphen behandelt werden.

2. Der Gegenstand der Entschädigung.

§ 17. Landwirtschaftliche Grundstücke.

Bei landwirtschaftlichen Grundstücken kommen folgende Schadensersatzansprüche in Betracht: der Anspruch auf Ersatz der Störungen und Unbequemlichkeiten, die durch die Herstellung des Grundstückes entstehen, der Anspruch auf Ersatz des Minderwertes, der verlorenen Werbungskosten, des entgangenen Gewinnes und des Verzugsschadens; der erstgenannte Anspruch ist nur neben der Herstellung, die anderen sowohl neben als auch ohne Herstellung des Grundstückes gegeben. In welchen Fällen die einzelnen Ansprüche bestehen, ist bereits bei der Besprechung der einzelnen Arten der Beschädigung dargelegt.

I. Der Anspruch auf Ersatz der durch die Herstellung des Grundstückes hervorgerufenen Störungen und Unbequemlichkeiten kann gleichzeitig mit dem Anspruch auf Herstellung oder auch später geltend gemacht werden; auch wenn er gleichzeitig mit der Herstellung gefordert wird, so kann eine Nachforderung noch in einem späteren Prozeß gestellt werden, sofern nicht dabei ein Uebergang von der objektiven zur subjektiven Berechnung erfolgt oder die Mehrforderung bereits im Vorprozesse rechtskräftig abgewiesen ist. — Der mit diesem Anspruche verlangte Schaden ist seiner Natur nach vorübergehend; er kann frühestens bei Beginn der Herstellungsarbeiten eintreten und muß mit ihrer Vollendung endigen. Er kann nicht nach dem Tauschwerte, sondern nur nach dem Gebrauchswerte des Grundstückes berechnet werden; denn Störungen und Unbequemlichkeiten setzen einen Gebrauch des Grundstückes voraus. Dagegen ist nicht nur die subjektive, sondern auch die objektive Berechnung möglich, ja, letztere wird sogar stets eintreten, wenn der Anspruch gleichzeitig mit der Herstellung gefordert wird, da zu dieser Zeit eine subjektive Berechnung des Anspruchs noch gar nicht möglich ist[1]). Der Anspruch selbst ist gerichtet auf Ersatz des durch die Störungen und Unbequemlichkeiten verursachten Ertragsausfalles oder, wenn das Grundstück verpachtet ist, auf Ersatz des dem Pächter während der Zeit der Herstellung gewährten Pachtnachlasses. Außerdem kann mit ihm Ersatz der etwaigen Mehraufwendungen an Arbeitskraft und Material, die für die Ueberwindung der durch die Reparaturen hervorgerufenen Betriebsstörungen erforderlich waren, verlangt werden: derartige Mehraufwendungen haben z. B. dann stattgefunden, wenn der Grundstücksbesitzer, um seinen Betrieb trotz der Reparatur aufrechtzuerhalten, Hilfskräfte zur Bewältigung der Mehrarbeit anwirbt oder ein Nachbargrundstück pachtet, um auf ihm die für ihn dringend notwendigen Erzeugnisse anzubauen, die er sonst auf dem beschädigten Grundstücke angebaut haben würde. Da der Anspruch auf Ersatz von Störungen erst bei Beginn der Reparaturen entsteht, so ist er erst in diesem Zeitpunkte fällig und erst von da an zu verzinsen, auch wenn er zugleich mit der Herstellung geltend gemacht wird. — Wohl zu beachten ist, daß der Anspruch auf Ersatz von Störungen und Unbequemlichkeiten, soweit er auf Ersatz des Ertragsausfalles oder Pachtnachlasses gerichtet ist, größtenteils in

1) Aber auch nach objektivem Maßstabe kann Ersatz des Schadens vor der Herstellung nur dann gefordert werden, wenn bereits feststeht, daß er eintreten wird (RG. in der Zeitschrift für Bergrecht, Bd. 25 S. 400; Bd. 26 S. 371).

einem gleichzeitig zum Ansatz gelangenden Anspruch auf Ersatz des Minderwertes enthalten ist. Allerdings kann der Anspruch auf Ersatz von Störungen nur mit dem Anspruch auf Ersatz desjenigen Minderwertes, der neben der Herstellung zu gewähren ist, zusammentreffen, und dieser Minderwert betrifft den Ertragsausfall nach erfolgter Herstellung, die Störung während der Reparatur dagegen den Ertragsausfall vor vollendeter Herstellung. Der Minderwert umfaßt aber, obwohl sich seine Höhe nach der Zeit der vollendeten Herstellung bestimmt, aus den weiter unten darzulegenden Gründen auch den Ertragsausfall seit Entstehung des Schadens. Daher kann der infolge der Reparatur entstandene Ertragsausfall oder Pachtnachlaß nur insoweit gefordert werden, als er den durch die Einwirkung des Bergbaus entstandenen Ertragsausfall übersteigt; mit anderen Worten: nur dann, wenn der Ertragsausfall während der Reparatur noch größer ist als der Ertragsausfall, der ohne die Reparatur des beschädigten Grundstückes eingetreten sein würde, kann die Differenz neben dem Minderwerte geltend gemacht werden.

II. A. Der Minderwert kann entweder neben oder statt der Herstellung verlangt werden. Im ersteren Falle können nur der Ertragsausfall für die Zeit bis zur Herstellung und der nach erfolgter Herstellung verbleibende Minderwert gefordert werden; erfolgt keine Herstellung, so fällt diese Beschränkung fort. In beiden Fällen ist die Berechnung die gleiche. Es kann der Gebrauchs- oder Tauschwert des Grundstückes gefordert, die Berechnung nach subjektivem oder objektivem Maßstabe vorgenommen werden. Die Berechnung nach dem Tauschwerte wird, wenn nicht Vorteilsausgleichung erfolgt, für den Grundstücksbesitzer gewöhnlich vorteilhafter sein, denn im Verkehre sind doch über den landwirtschaftlichen Nutzungswert hinaus gewisse sich aus der Lage ergebende Vorteile, die Nähe zu industriellen Anlagen, die wenn auch noch entfernte Möglichkeit der industriellen Ausnutzung oder Bebauung eskomptiert. Die Berechnung nach dem Tauschwerte ist allerdings insofern beschränkt, als sie bei einer vorübergehenden Wertverminderung nicht möglich ist; eine vorübergehende Wertminderung liegt insbesondere bei dem Schaden vor, der durch die Herstellung wieder beseitigt wird. Aber auch bei dauerndem Schaden muß der Grundstücksbesitzer berücksichtigen, daß er, wenn er den Minderwert nach dem Tauschwerte berechnet, den Ersatz für Störungen und Unbequemlichkeiten, für die verlorenen Werbungskosten und den entgangenen Gewinn nicht in Ansatz bringen darf, da diese sich sämtlich nach dem Gebrauchswerte berechnen [1]); neben dem Tauschwerte kann vielmehr der Grundstücksbesitzer nur den Verzugsschaden ersetzt verlangen [2]).

1. Die Minderung des Tauschwertes muß von einem Sachverständigen, der zugleich Kenner des landwirtschaftlichen Betriebes und der in Betracht kommenden örtlichen Grundstücksverhältnisse ist, begutachtet werden; maßgebend für sein Guthaben werden insbesondere der Grad der Beschädigung und die zuletzt in der Nachbarschaft erzielten Grundstückspreise sein. Die Minderung des Tauschwertes wird gewöhnlich nach objektivem Maßstabe berechnet; findet sie ausnahmsweise nach subjektivem Maßstabe statt, weil z. B. das beschädigte Grundstück mit einem unbeschädigten eine wirtschaftliche Einheit bildet und infolge der Beschädigung auch der übrige Teil an Wert verloren hat, so müssen auch diese Momente dem Gutachten des Sachverständigen unterbreitet werden.

2. Bei einer Berechnung des Gebrauchswertes wird der Ertragsausfall bzw. Pachtnachlaß zugrunde gelegt, und zwar entweder nach objektivem Maßstabe der Ausfall, den ein derartiges Grundstück bei einer derartigen Beschädigung erleidet, oder der Ausfall, den der Grundstücksbesitzer tatsächlich erlitten hat; bei objektiver Berechnung wird hier ebenfalls ein Sachverständiger über die Höhe des Ausfalles gehört, bei subjektiver Berechnung dagegen hat der Grundstücksbesitzer auf sonstige Weise (durch Benennung von Zeugen, Vorlegung von Geschäftsbüchern etc.) die Höhe seines tatsächlichen Ausfalls nachzuweisen. Wird der Wert

1) Vgl. oben S. 128, S. 62 Anm. 1, und S. 69.

2) Vgl. oben S. 67.

des Grundstückes nur vorübergehend verringert, was nicht nur bei vorübergehenden Schäden, sondern auch bei dauernden Schäden in der Zeit zwischen Beschädigung und Herstellung der Fall ist, so ist der Gesamtbetrag der einzelnen Ertragsausfälle zu vergüten, im Falle eines dauernden Minderwertes dagegen ist der Ertragsausfall zu kapitalisieren, und zwar gewöhnlich mit dem fünfundzwanzigfachen Betrage, und als Kapitalsabfindung dem Grundstücksbesitzer zuzusprechen [1]).

B. 1. Einige Besonderheiten gelten für denjenigen Minderwert, der neben der Herstellung gefordert wird; dieser besteht, abgesehen von dem Ertragsausfall bis zur Herstellung, in dem Minderwerte, welcher dem Grundstücke trotz der Herstellung verbleibt. Er ist dann zu ersetzen, wenn die Herstellung nur teilweise möglich ist, und beruht infolgedessen auf der Vorschrift des § 251 Abs. 1 Fall 1 BGB. Er kann zugleich mit der Herstellung oder erst nachträglich gefordert werden; im ersteren Falle kann er nur nach objektivem Maßstabe berechnet werden, da vor der Herstellung der in dem einzelnen Falle tatsächlich verbleibende Minderwert nicht feststeht. Wird er nach erfolgter Herstellung begehrt, so kann er objektiv oder subjektiv berechnet werden. Die Berechnung kann nach dem Gebrauchs- oder dem Tauschwerte des Grundstückes erfolgen, gleichviel ob der Minderwert zugleich mit der Herstellung oder erst nachträglich gefordert wird. Der nach der Herstellung verbleibende Minderwert ist stets ein dauernder, niemals ein vorübergehender. Seine Berechnung erfolgt im übrigen nach denselben Grundsätzen wie bei dem an Stelle der Herstellung zu vergütenden Minderwert.

2. Wenn auch für die Höhe des neben der Herstellung zu gewährenden Minderwertes der Zeitpunkt der vollendeten Herstellung maßgebend ist, so ist er doch fällig bereits mit Entstehung des Schadens. Die Richtigkeit dieses Satzes erkennt man, wenn man den durch die Beschädigung hervorgerufenen Minderwert in zwei Teile zerlegt, von denen

---

1) Ebenso RG. bei Daubenspeck, Bergrechtliche Entscheidungen, Bd. 1 S. 319.

der eine durch die Herstellung aufgehoben wird, während der andere trotz der Herstellung bestehen bleibt. Der gesamte Minderwert ist nun zweifellos bei Entstehung des Schadens fällig; es liegt kein Grund vor anzunehmen, daß sich die Fälligkeit des einen Teils deswegen ändern soll, weil der andere Teil durch die Herstellung abgegolten wird. — Die Folge ist, daß der Grundstücksbesitzer, der den verbleibenden Minderwert schon vor Vollendung der Reparatnr begehrt, eine Klage auf sofortige, nicht auf künftige Leistung erhebt. Eine weitere Folge ist, daß der Minderwert nicht erst seit Vollendung der Herstellung, sondern schon von einer Mahnung des Grundstücksbesitzers oder der Erhebung der Klage an verzinst werden muß; in diesem Zeitpunkte gerät der Bergwerksbesitzer bereits in Verzug; auch ein über die Verzinsung hinausgehender Verzugsschaden kann schon von diesem Zeitpunkte an entstehen. Eine dritte Folge ist, daß der Anspruch wegen Störungen und Unbequemlichkeiten, soweit er auf Ersatz des Ertragsausfalles oder Pachtnachlasses gerichtet ist, durch Zahlung des Minderwertes bis zur Höhe des durch die Einwirkung des Bergbaus entstandenen Ertragsausfalles abgegolten ist [1]); denn der Minderwert bestimmt sich, wenn er nach dem Gebrauchswerte des Grundstückes berechnet wird, stets nach dem Ertragsausfall, und es macht auch keinen Unterschied für die Abgeltung des Ersatzanspruchs für Störungen, daß der Ertragsausfall bei dem Minderwert in Form einer Kapitalsabfindung ersetzt wird; wird der Minderwert nach dem Tauschwerte des Grundstückes berechnet, so kommt eine Abgeltung überhaupt nicht in Frage, da der Anspruch auf Ersatz von Störungen stets nach dem Gebrauchswerte berechnet wird [2]) und infolgedessen wegen der Einheitlichkeit der Berechnung nicht neben einem nach dem Tauschwerte berechneten Minderwerte gefordert werden darf.

C. Wird ein dem landwirtschaftlichen Betriebe dienendes Gebäude oder sonstige Anlage be-

---

1) Vgl. oben S. 128 f.

2) Vgl. oben S 128.

schädigt, so ist nicht nur der Minderwert zu ersetzen, den das gesamte landwirtschaftliche Grundstück durch Beschädigung des Gebäudes oder der Anlage erleidet, sondern auch der Minderwert der Grundfläche, auf dem das Gebäude oder die Anlage errichtet ist. Der Minderwert dieser Bodenfläche setzt sich zusammen aus dem Materialschaden des Gebäudes bzw. der Anlage und dem Mehr- oder Minderwerte, den die Grundfläche selbst infolge der durch den Materialschaden hervorgerufenen Verringerung der Standdauer des Gebäudes erfährt [1]. Die für die Berechnung des Materialschadens des Gebäudes maßgebenden Grundsätze sind bereits oben S. 125 ff. erwähnt; auch die in § 20 der Abhandlung zu entwickelnden Normen über die Substantiierung des Minderwertes finden auf die dem landwirtschaftlichen Betriebe dienenden Gebäude und Anlagen entsprechende Anwendung. Was nun den Minderwert der Bodenfläche anlangt, auf der das Gebäude oder die Anlage errichtet ist, so ist er an sich zu berechnen nicht nach dem Werte eines landwirtschaftlichen Grundstückes, sondern nach dem erheblich höheren Werte, den eine zur Errichtung eines Betriebsgebäudes dienenende Fläche hat. Es ist aber zu beachten, daß dieser Mehrwert der Fläche eben darin besteht, daß seine Verwendung zur Errichtung eines Betriebsgebäudes erst dem Gesamtgrundstücke den Wert eines landwirtschaftlichen Grundstückes verleiht. Sein Mehrwert bestimmt sich also lediglich nach dem Werte, den es für das Gesamtgrundstück hat. Die Minderung dieses Mehrwertes ist identisch mit dem Minderwerte, den das Gesamtgrundstück durch die Beschädigung des Betriebsgebäudes erleidet. Wird nun also dieser Minderwert des Gesamtgrundstückes bereits vergütet, so ist damit auch zugleich der Mehrwert der für das Betriebsgebäude benutzten Bodenfläche, den sie über den landwirtschaftlichen Wert hinaus hat, abgegolten.

III. Die verlorenen Werbungskosten sind als konkreter Schaden neben der Herstellung auf Grund des § 251 Abs. 1 Fall 2 BGB., ohne die Herstellung nach den allgemeinen Grundsätzen des Schadensersatzes zu vergüten.

---

1) Vgl. unten S. 156 ff.

Sie begreifen in sich alle diejenigen Vermögenswerte, welche der Grundstücksbesitzer auf sein Grundstück zur Führung des landwirtschaftlichen Betriebes verwendet hat und die infolge der Einwirkung des Bergbaus verloren gegangen sind; sie umfassen ferner den durch die Einwirkung des Bergbaus verlorenen Wert des beschädigten Grundstückes selbst, den es für das Gesamtvermögen seines Besitzers als werbendes Vermögensobjekt gehabt hat.

A. Voraussetzung ist, daß die Werte verloren gegangen sind infolge der Einwirkung des Bergbaus selbst; sind sie nur verloren gegangen infolge des durch die Bergbauschäden hervorgerufenen Stillstandes oder der Verschlechterung des landwirtschaftlichen Betriebes, so kann der Grundstücksbesitzer sie niemals als konkreten Schaden ersetzt verlangen, sondern höchstens als Verzugsschaden unter der Voraussetzung, daß der Verlust auf der Verspätung der Leistung des in Verzug befindlichen Bergwerksbesitzers beruht [1]). Die Entscheidung der Frage, ob der Verlust auf der Einwirkung des Bergbaus oder des durch sie hervorgerufenen Stillstandes des landwirtschaftlichen Betriebes zurückzuführen ist, hängt davon ab, ob trotz der Einwirkung des Bergbaus der Verlust abzuwenden war oder nicht. Es kommt nur auf die objektive Möglichkeit der Abwendung an; gleichgültig ist, ob der Grundstücksbesitzer infolge unverschuldeter Unkenntnis der Einwirkung oder infolge Mangels an bereiten flüssigen Geldmitteln den Verlust abwenden konnte.

Hinsichtlich der Abwendbarkeit des Verlustes muß man unterscheiden zwischen den Werbungskosten, die vor dem Beginn der Einwirkung des Bergbaus, und denjenigen, die später auf das Grundstück verwendet sind. Der Verlust der ersteren ist nur dann abwendbar, wenn sie nach Beginn der Einwirkung des Bergbaus noch ohne Schaden aus dem Grundstücke wieder herausgezogen werden können. Dies wird bei landwirtschaftlichen Grundstücken nur ausnahmsweise der Fall sein; denn der landwirtschaftliche Betrieb ist gerichtet auf Erzielung einer guten Ernte und sucht diese

---

1) Vgl. hierüber die Ausführungen S. 62 f. und S. 66.

durch das natürliche Wachstum der landwirtschaftlichen Erzeugnisse aus dem Erdboden zu erlangen. Die auf den landwirtschaftlichen Betrieb verwendeten Werbungskosten werden daher in erster Linie verwendet zur Förderung dieses Wachstums; sie werden also, kaufmännisch gesprochen, in den Erdboden hineingesteckt. Gleichviel nun ob diese in den Erdboden hineingesteckten Werbungskosten zur dauernden Förderung des Wachstums oder nur zur Förderung des Wachstums während der laufenden Ernteperiode bestimmt sind, so werden sie doch jedenfalls mit dem Hineinstecken in den Erdboden in andere Werte umgesetzt, also verbraucht; es ist daher nicht möglich, die auf den Erdboden verwendeten Werbungskosten nach der Einwirkung des Bergbaus wieder herauszuziehen. Aber auch diejenigen Werbungskosten, die in anderer Weise, z. B. zum Ankaufe von Inventar, verwendet sind, lassen sich selten und schwer wieder abstoßen; es liegt dies an der bekannten Tatsache, daß landwirtschaftliche Grundstücke und ihr Inventar trotz des in den letzten Jahren erheblich gesteigerten Güterwechsels doch noch zu den am wenigsten flüssigen Vermögenswerten unseres Verkehrslebens gehören. — Ohne weiteres abwendbar erscheint der Verlust derjenigen Werbungskosten, die erst nach der Einwirkung des Bergbaus auf das Grundstück verwendet sind. Man wird aber hier eine Ausnahme machen müssen: Um größere, unmittelbar auf der Einwirkung des Bergbaus beruhende Verluste zu vermeiden, darf der Grundstücksbesitzer noch weitere Werbungskosten auf das Grundstück verwenden; ihr Verlust würde dann an Stelle der anderen, größeren Verluste treten, und diese hätten ja auf der Einwirkung des Bergbaus, nicht auf dem Stillstand des landwirtschaftlichen Betriebes beruht; diese Werbungskosten gehen also auf Grund des Surrogationsprinzips durch die Einwirkung des Bergbaus verloren. Auf Grund dieser Ausnahme können alle Kosten, die zur dauernden Herstellung der Grundstückssubstanz und zur Rettung des Ertrages der während der Einwirkung des Bergbaus laufenden Ernteperiode verwendet werden, als ersatzfähige Werbungskosten angesehen werden; beseitigt z. B. der Grundstücksbesitzer Tagesbrüche durch Aufschütten, verwendet er auf die Förderung und Einbringung der Ernte mehr Material und Arbeitskräfte (sogenannte Kulturerschwerung) oder rettet er die laufende Ernte dadurch, daß er sich statt des entzogenen Wassers anderes Wasser verschafft, so kann er hierfür Ersatz auch dann verlangen, wenn der Bergwerksbesitzer nicht im Verzuge war; Ersatz für das in den folgenden Ernteperioden herbeigeschaffte Wasser könnte er aber nicht verlangen, weil hier der Ertragsausfall nicht auf der plötzlichen Entziehung des Wassers durch den Bergbau, sondern auf dem bereits bestehenden Wassermangel beruht. Unter allen Umständen kann der Grundstücksbesitzer Ersatz der nach der Einwirkung des Bergbaus verwendeten Werbungskosten nur dann verlangen, wenn der abgewendete Schaden größer war als der Betrag der Werbungskosten; entscheidend ist das objektive Verhältnis der beiden Beträge zu einander, nicht die Erwägung, ob der Grundstücksbesitzer den Umständen nach erwarten konnte, daß er durch Verwendung der Werbungskosten einen größeren Schaden verhüten würde.

B. Die Werbungskosten teilen sich in solche, die auf das Grundstück verwendet werden, und solche, die aus dem Grundstücke auf andere Vermögenswerte verwendet werden; beide Kategorien zerfallen in je zwei Unterklassen, je nach dem die Substanz des Grundstückes oder seine Erträgnisse Gegenstand bzw. Ausfluß der Werbungskosten sind.

1. a. α) Die auf die Substanz des Grundstückes verwendeten Werbungskosten bestehen in den Kosten für die gesamte Einrichtung des landwirtschaftlichen Betriebes z. B. für die Errichtung ven Scheunen und Schuppen, für die Anschaffung des gesamten Ackergerätes und Betriebsinventars, für die Anpflanzung von Obstkulturen, ferner für die Verbesserungen (Drainage, Rodung, Trockenlegung, Abholzung etc.) des Erdbodens, endlich auch in dem Entgelt für die Arbeit, die zur Erhaltung oder Verbesserung der Grundstückssubstanz geleistet ist. Sofern die Viehzucht durch die Einwirkung des Bergbaues gelitten hat, gelten auch die Kosten für die Einrichtung und dauernde Erhaltung der Viehzucht als Werbungskosten.

β) Die auf die Erträgnisse des Grundstückes verwendeten Werbungskosten bestehen vor allem in dem Saatkorn, mit dem das beschädigte Grundstück bestellt worden ist, und in den Kosten für die Arbeit, die auf die Bestellung und Pflege der Felder verwendet wird; hierzu treten natürlich im einzelnen Falle noch eine Reihe anderer Aufwendungen hinzu, wie z. B. der Dünger, die Mittel zur künftigen Förderung des fraglichen Erträgnisses. Hat die Viehzucht durch die Einwirkung des Bergbaues gelitten, so gelten als Werbungskosten auch die Beträge für Anschaffung des aufzuziehenden Jungviehs, die Futterkosten, die Aufwendungen für Deckung der weiblichen Tiere etc. Hat nur eine vorübergehende Beschädigung des Grundstückes stattgefunden, so daß die Grundstückssubstanz selbst unversehrt geblieben ist, so ist auch für die zur dauernden Einrichtung und Unterhaltung des Betriebes verwendeten Gegenstände, die im vorigen Absatze aufgezählt waren, ein Beitrag zu ersetzen; die Höhe dieses Beitrages entspricht der Abnutzung, welche die Gegenstände infolge ihrer Verwendung für die beschädigten Grundstückserträgnisse erlitten haben; hat z. B. ein Dampfpflug eine Lebensdauer von 20 Jahren, so wird er alljährlich zu 5 Prozent abgenutzt; werden nun die Erträgnisse einer Ernte durch den Bergbau vernichtet, so hat der Bergwerksbesitzer 5 Prozent von den Kosten des Dampfpfluges zu ersetzen, bei Vernichtung zweier Ernten 10 Prozent usw.

b. α) Wohl zu beachten ist aber, daß alle diese Werbungskosten bereits abgegolten sind, wenn der Grundstücksbesitzer gleichzeitig den Ersatz des Minderwertes des Grundstückes verlangt; denn alle diese Werbungskosten, die ja nur nach dem Gebrauchswerte des Grundstückes und nach subjektivem Maßstabe berechnet werden können, werden ja nach dem eigenen Willen des Grundstücksbesitzers zur Hebung des Ertrages aufgewendet; wird also der Ertrag erzielt, so sind die Werbungskosten nicht vergebens aufgewendet, sind nicht verloren. Der Ersatz für die Minderung des Gebrauchswertes des Grundstückes — die Minderung des Tauschwertes kann ja niemals neben den nach dem Gebrauchswerte berechneten Werbungskosten ersetzt werden — wird nun nach dem Ertragsausfall berechnet; durch Ersatz des Minderwertes wird also der Ertragsausfall vorübergehend oder dauernd vergütet. Wird nun dem Grundstücksbesitzer der Ertragsausfall vergütet, so hat er die Werbungskosten nicht vergebens aufgewendet, da er ja den Ertrag des Grundstückes, wenn auch in Form der Geldentschädigung, erhalten hat; die Werbungskosten sind also in diesem Falle nicht verloren, vielmehr würde umgekehrt der Grundstücksbesitzer, wenn ihm gleichzeitig für den Minderwert und die Werbungskosten Ersatz gewährt würde, eine doppelte Entschädigung für seinen Verlust erhalten.

β) Auch durch die Herstellung werden Werbungskosten abgegolten, aber hier nur diejenigen, die auf die Substanz des Grundstückes verwendet sind. Denn durch die Herstellung werden die Beschädigungen der Grundstückssubstanz beseitigt; selbstverständlich muß die Substanz so hergestellt werden, wie sie unter Berücksichtigung der auf sie verwendeten Werbungskosten bestanden haben würde. Infolgedessen können diese Werbungskosten nicht nochmals neben der Herstellung ersetzt werden. Dagegen wird durch die Herstellung nicht abgegolten der Ertragsausfall während der Jahre der Beschädigung; daher können, sofern nicht Ersatz dieses Ertragsausfalles begehrt wird, die Werbungskosten, die auf die Erträgnisse des Grundstückes verwendet sind, gefordert werden. Die Werbungskosten, nicht den Ertragsausfall wird der Grundstücksbesitzer insbesondere dann verlangen, wenn er den Ausfall des Ertrages durch Aufwendung vermehrter Werbungskosten hat abwenden können; vor allem sind in diesem Falle neben der Herstellung noch die Kosten für Kulturerschwerung und für Herbeischaffung fremden Wassers zu ersetzen [1]).

Wird Herstellung und der daneben verbleibende Minderwert verlangt, so werden hierdurch die auf die Substanz des Grundstückes verwendeten Werbungskosten gänzlich und die auf die Erträgnisse verwendeten Werbungskosten insoweit

---

1) Vgl. oben S. 135 f.

abgegolten, als sie in dem verbleibenden Minderwert enthalten sind; enthalten sind sie insoweit in dem verbleibenden Minderwert, als sie für denjenigen Teil des Ertrages aufgewendet sind, der durch Zahlung des Minderwertes zur Abgeltung kommt.

2. Die zweite Kategorie der Werbungskosten bilden diejenigen, welche aus dem Grundstücke auf andere Vermögenswerte verwendet werden sollten. Der Grundstücksbesitzer wollte hier das Grundstück und seine Erträgnisse dazu benutzen, um andere Vermögenswerte zu werben; dadurch, daß das Grundstück infolge der Einwirkung des Bergbaus beschädigt worden ist, wurde es ihm unmöglich, diese werbenden Kapitalien zu verwerten. Es handelt sich hier also stets um einen entgangenen Gewinn; aber dieser Gewinn sollte nicht aus dem beschädigten Grundstücke oder seinen Erträgnissen erzielt werden, sondern nur aus anderen Vermögenswerten, und das Grundstück oder seine Erträgnisse sollten nur Mittel zur Erlangung dieses Gewinnes sein. Ein derartiger mittelbarer entgangener Gewinn kann nicht auf Grund des § 252 BGB. gefordert werden, da diese Vorschrift sich nur auf den unmittelbaren entgangenen Gewinn bezieht[1]); er ist vielmehr ein mittelbarer Schaden, nur ist hier der Schaden kein damnum emergens, sondern ein lucrum cessans. Er ist daher auch nur insoweit zu ersetzen, als jeder andere mittelbare Schaden zu ersetzen ist, nämlich insoweit er auf der Einwirkung des Bergbaus, nicht auf dem Stillstande des landwirtschaftlichen Betriebes beruht.

a. α) Als Mittel der Werbung kann nun entweder die Substanz des Grundstückes oder seine Erträgnisse verwendet werden. Die Grundstückssubstanz kann als Werbungsmittel entweder für das Vermögen des Grundstücksbesitzers im allgemeinen oder für bestimmte Vermögenswerte benutzt werden. Für das Vermögen im allgemeinen wird es z. B. im Falle des Verkaufs und der Beleihung benutzt; hätte der Grundstücksbesitzer sein Grundstück zu besonders günstigen Bedingungen verkaufen oder beleihen können,

---

1) RG. in der Zeitschrift für Bergrecht, Bd. 53 S. 238.

wenn nicht der Bergbau eingewirkt hätte, so kann er den sich hieraus für sein Vermögen ergebenden Schaden vom Bergwerksbesitzer ersetzt verlangen. Es ist aber stets zu prüfen, ob dieser Schaden nicht in dem zugleich geforderten Minderwerte enthalten ist; diese Frage läßt sich allgemein weder bejahen noch verneinen, es kommt vielmehr auf die Lage des einzelnen Falles an. Der durch den Verlust der Werbungskosten entstandene Schaden ist besonders umfangreich, wenn der Grundstücksbesitzer infolge der Unmöglichkeit, sein Grundstück angemessen zu verwerten, in Vermögensverfall gerät.

β) Auf bestimmte Vermögenswerte wird die Grundstückssubstanz besonders bei sogenannten gemischten Betrieben verwandt; solche gemischten Betriebe gibt es auch in der Landwirtschaft, ja sie sind hier viel zahlreicher als in der Industrie; denn fast jeder landwirtschaftliche Betrieb ist mit einem Nebenbetrieb, Forstwirtschaft, Jagd, Müllerei, Brennerei, Ziegelei, Zuckerrübenfabrik, vor allem aber Viehzucht, verbunden. Wird nun der landwirtschaftliche Betrieb geschädigt, so übt dies auch seine Rückwirkung auf den Nebenbetrieb aus; das Vieh erhält nicht mehr das gewohnte Futter, der regelmäßige Bezug des Getreides für die Mühle und der Zuckerrüben für die Siederei werden gefährdet, infolge der Betriebseinschränkungen in der Landwirtschaft wird auch die Forstwirtschaft, Brennerei oder Ziegelei geschädigt, da die entlassenen Arbeitskräfte auch in dem Nebenbetriebe beschäftigt waren. Aller hierdurch entstandene Schaden ist vom Bergwerksbesitzer zu ersetzen, sofern er auf der Einwirkung des Bergbaus beruht; doch wird hier der Fall besonders häufig vorkommen, daß die Schädigung des Nebenbetriebes nicht auf die Einwirkung des Bergbaus, sondern auf den Stillstand des landwirtschaftlichen Betriebes zurückzuführen ist; in diesem Falle ist der Schaden nur dann zu ersetzen, wenn der Stillstand des landwirtschaftlichen Betriebes seinerseits infolge des Verzuges des Bergwerksbesitzers entstanden ist.

b) Daß die Erträgnisse des Grundstückes werbend verwertet werden, wird verhältnismäßig selten vorkommen; hier wird ein Schaden nur dann entstehen, wenn die landwirtschaftlichen Erzeugnisse nur vorübergehend beschädigt sind oder wenn sie nur vorübergehend für die Nebenbetriebe Verwendung finden; letzteres würde z. B. dann vorliegen, wenn der Grundstücksbesitzer eine Getreideart, die er nur gelegentlich anbaut, als Viehfutter benutzt oder wenn er ein ständig angebautes Erzeugnis nur dann als Viehfutter verwendet, wenn ein Jahrgang des Viehs ganz bestimmte Eigenschaften hat.

IV. Ein Verzugsschaden liegt dann vor, wenn der Verlust dieser Werbungskosten auf den Vorzug des Bergwerksbesitzers znrückzuführen ist. Voraussetzung ist hier nicht, daß der Verlust der Werbungskosten auf der Einwirkung des Bergbaus beruht, sondern daß der Verlust durch den Stillstand oder die Verlangsamung des landwirtschaftlichen Betriebes entstanden und daß dieser Stillstand bzw. die Verlangsamung ihrerseits auf den Verzug des Bergwerksbesitzers zurückzuführen ist. Auf welche Weise der Bergwerksbesitzer in Verzug gerät, war bereits oben S. 66 f. erwähnt. Der Schaden ist nicht dann auf den Verzug des Bergwerksbesitzers zurückzuführen, wenn der Bergwerksbesitzer zur Zeit des Eintrittes des Schadens im Verzuge ist, sondern dann, wenn der Schaden nicht ohne den Verzug des Bergwerksbesitzers eingetreten wäre. Hierzu folgendes Beispiel: Der Bergwerksbesitzer, der zur Herstellung verpflichtet ist, kann gewöhnlich nicht den Schaden sofort beseitigen, er bedarf hierzu vielmehr eines gewissen Zeitraums; tritt nun vor Ablauf dieses Zeitraums infolge des Stillstandes des landwirtschaftlichen Betriebes ein mittelbarer Schaden ein, so braucht der Bergwerksbesitzer ihn auch dann nicht zu ersetzen, wenn er im Verzuge ist; denn der landwirtschaftliche Betrieb hätte auch ohne seinen Verzug zu dieser Zeit stillgestanden und den Schaden verursacht. Andererseits muß der Bergwerksbesitzer unter Umständen den Schaden auch dann ersetzen, wenn er zur Zeit des Eintrittes des Schadens nicht mehr im Verzug ist; ist in dem obigen Beispiele die Herstellung zur Zeit des Eintrittes des Schadens zwar schon begonnen, der Bergwerksbesitzer also nicht mehr im Verzuge, so hat er den Schaden trotzdem als Verzugsschaden zu ersetzen, wenn er infolge des Verzuges mit der Herstellung erst verspätet begonnen hat, und wenn der landwirtschaftliche Betrieb ohne diese Verzögerung schon zur Zeit des Eintrittes des Schadens hätte aufgenommen sein können.

Im übrigen ist der auf den Verzug zurückzuführende Schaden in demselben Umfange zu ersetzen wie der auf der Einwirkung des Bergbaus beruhende Verlust an Werbungskosten.

Ohne Nachweis eines Verzugsschadens kann der Grundstücksbesitzer eine vierprozentige Verzinsung seiner Schadensersatzforderung seit Eintritt des Verzuges beanspruchen.

V. A. Der entgangene Gewinn hat bei landwirtschaftlichen Grundstücken nur geringe Bedeutung; denn der landwirtschaftliche Betrieb selbst bietet geringen Anlaß zur Spekulation. Soweit eine Wertsteigerung bei einem landwirtschaftlichen Grundstücke in Frage kommt, hängt er wesentlich von der zu erwartenden Bebauung ab; dieser Gewinn ist dem Grundstücksbesitzer zu ersetzen, wenn sein Grundstück Bauplatzqualität hat; die Einzelheiten dieses Ersatzanspruches werden in § 19 behandelt werden.

B. Im übrigen ist ein entgangener Gewinn bei landwirtschaftlichen Grundstücken nur dann möglich, wenn die Erträgnisse besonders vorteilhaft hätten verwertet werden können; dies ist in zwei Fällen möglich, wenn der Grundstücksbesitzer seine Erträgnisse vorweg zu einem vorteilhaften Preise verkauft hat, sie aber infolge der Einwirkung des Bergbaus nicht liefern kann, und wenn der Grundstückssitzer mit dem Verkaufe seiner Erzeugnisse in der sicheren und auch zutreffenden Erwartung einer Preissteigerung zurückgehalten hat, inzwischen aber seine Erzeugnisse infolge der Einwirkung des Bergbaus verloren hat. In beiden Fällen ist dem Grundstücksbesitzer außer dem Werte der Erzeugnisse noch der entgangene Gewinn zu ersetzen. Inwieweit der Gewinn ein entgangener ist, inwieweit er mit Wahrscheinlichkeit erwartet werden konnte, ist nach den Umständen des einzelnen Falles zu beurteilen, auf die schon der Wortlaut des § 252 BGB. hinweist.

§ 18. Industriegrundstücke.

I. Industrielle Betriebe, die durch den Bergbau beschädigt werden, sind in erster Linie Ziegeleien, in zweiter Linie Zementwerke und Hochöfen; hie und da kommt es vor, daß einer Brennerei das Wasser durch den Bergbau entzogen und daß eine Wassermühle oder ein Kanalisationswerk durch Zuführung von schmutzigem Wasser in ihrem Betriebe gehemmt werden. Die Beschädigung sonstiger zu Industriezwecken verwendeter Grundstücke durch den Bergbau dürfte nur ausnahmsweise vorkommen; überhaupt ist die Zahl der Beschädigungen von Industriegrundstücken eine viel geringere als die von landwirtschaftlichen Grundstücken.

II. Bei den zu Industriezwecken verwerteten Grundstücken kann wie bei den landwirtschaftlichen Grundstücken für folgende Schäden Ersatz beansprucht werden: Für die Störungen und Unbequemlichkeiten während der Herstellung des beschädigten Grundstückes, für den Minderwert, für die verlorenen Werbungskosten, für den Verzugsschaden und für den entgangenen Gewinn. Die rechtliche Natur aller dieser Schadensersatzforderungen ist die gleiche wie bei landwirtschaftlichen Grundstücken; es wird daher insoweit auf die ausführlichen Darlegungen des vorigen Paragraphen verwiesen. Abweichungen ergeben sich nur hinsichtlich der Anwendung dieser Ansprüche in einzelnen Fällen; nur diese Abweichungen, die auf die Verschiedenheiten von landwirtschaftlichem und industriellem Betriebe zurückzuführen sind, sollen in vorstehendem Paragraphen behandelt werden.

A. 1. Die Verschiedenheiten des landwirtschaftlichen und industriellen Betriebes, welche die Abweichungen in der Entschädigung verursachen, bestehen vor allem in folgendem: Ein landwirtschaftlicher Betrieb, mag er noch so intensiv geführt werden, ist doch immer extensiv gegenüber einem industriellen Betriebe; mag der Inhaber eines landwirtschaftlichen Betriebes noch so viel Kredit in Anspruch nehmen, so wird sein Betrieb doch von fremden Einflüssen unabhängiger sein als ein industrieller

Betrieb, auch wenn in ihm nur gegen Kasse reguliert wird; mag der Landwirt auch auf günstige Konjunkturen spekulieren, der Industrielle Wechselfälle bei seinen Voranschlägen nicht berücksichtigen, so wird doch der industrielle Betrieb stets der spekulativere sein. Der industrielle Betrieb ist eben unter allen Umständen mehr Glied der Volks- und Weltwirtschaft als der landwirtschaftliche, der die Eierschalen der Naturalwirtschaft niemals ganz abstreifen kann; der industrielle Betrieb fördert seine Werte auch stets auf verhältnismäßig viel engerem Raume als der landwirtschaftliche.

2. Für die Lehre vom Schadensersatz folgt hieraus, daß die Schwingungen eines industriellen Betriebes feiner sind als die eines landwirtschaftlichen Betriebes, daß jede Störung viel größere Wirkungen auslöst und daß diese schädlichen Wirkungen sich auch auf Gebiete erstrecken können, zu denen ein landwirtschaftlicher Betrieb gar keine Beziehungen oder höchstens Ansätze hat. Auch innerhalb der einzelnen industriellen Betriebszweige gibt es natürlich erhebliche Unterschiede; um so feiner werden die Schwingungen und größer die Schäden sein, je mehr sich der Betrieb von der Erzeugung des Rohstoffes losgelöst hat und zu seiner Verarbeitung, Veredelung, ja sogar zu seinem Absatze übergegangen ist, mithin beinahe zu einem Handelsbetriebe geworden ist. Wenn auch die Schäden bei denjenigen Betrieben, die sich dem Handelsbetriebe annähern, größer sind, so sind sie dafür auch um so seltener; denn Schadensersatz für Einwirkungen des Bergbaus ist nur dann zu leisten, wenn Grundstücke oder deren Zubehör beschädigt werden; das Grundstück hat aber für einen weniger intensiven, ausschließlich auf Gewinn der Rohprodukte gerichteten Betrieb eine viel größere Bedeutung als für denjenigen Betrieb, der die Verarbeitung, die Veredelung und den Absatz der Produkte bezweckt. Es ist kein Zufall, daß von allen industriellen Betrieben der dem landwirtschaftlichen am meisten angenäherte Betrieb, der Ziegeleibetrieb, am meisten unter Bergbauschäden zu leiden hat.

B. 1. Hiermit sind bereits die Umrisse umschrieben, innerhalb deren der Schadensersatz für Industriegrundstücke von demjenigen für landwirtschaftliche Grundstücke abweicht. Für Störungen und Unbequemlichkeiten während der Herstellung ist im allgemeinen ein viel erheblicherer Schadensersatz zu leisten als bei landwirtschaftlichen Grundstücken; nicht selten muß der ganze Betrieb eingestellt werden, weil z. B. die beschädigte Maschine, welche ausgebessert wird, die ganze Anlage mit Wasser oder Dampfkraft versorgt oder weil durch sie, wie beim Ziegeleiofen, die gesamte Fabrikation erfolgt.

2. Die Grundsätze über den Minderwert landwirtschaftlicher Grundstücke gelten auch für Industriegrundstücke; auch hier kommen bei Beschädigungen von Gebäuden, die dem industriellen Betriebe dienen, die für bebaute Grundstücke geltenden Grundsätze, die in § 20 näher darzulegen sein werden, zur Anwendung. Nur in einer Beziehung gilt für den Minderwert von Industriegrundstücken Besonderes: Es ist zu berücksichtigen, daß der auf dem Grundstücke geführte industrielle Betrieb gewöhnlich eine viel individuellere Bedeutung hat, als sie ein landwirtschaftlicher Betrieb hat und haben kann; gute Leitung, ein fester Stamm geschulter Arbeiter, gesicherte Absatzverhältnisse, guter Ruf der Fabrikate und ein großer Auftragsbestand können dem Betriebe einen Wert verleihen, der weit über den aus sonstigen Verhältnissen berechneten hinausgeht; es handelt sich hier durchweg um solche Werte, die bei kaufmännischen Betrieben im Handelsverkehr als „Wert der Firma“ bezeichnet werden. Alle diese Werte können als Minderwert ersetzt verlangt werden, wenn der Grundstücksbesitzer die Minderung des Tauschwertes begehrt; denn im Verkehre werden diese Momente als den Wert des Betriebes und auch des Grundstückes erhöhend angesehen. Verlangt der Grundstücksbesitzer dagegen Ersatz des Gebrauchswertes, so kann er diese Werte bei der Berechnung des Minderwertes garnicht in Ansatz bringen; teilweise kann er dies allerdings dadurch ausgleichen, daß er als entgangenen Gewinn den Wert der abgeschlossenen und infolge der Beschädigung nicht zur Ausführung gelangenden Lieferungen begehrt; er wird auch außerdem aus der Konjunktur, seinen Selbskostenpreisen und

den Marktpreisen nachweisen können, daß er den Abschluß weiterer Verträge, die ihm einen bestimmten Gewinn abgeworfen hätten, voraussichtlich abgeschlossen haben würde; es wird aber der auf diese Weise berechnete entgangene Gewinn niemals so hoch sein wie der Wert des Geschäftes, den der Grundstücksbesitzer als Minderung des Tauschwertes verlangen kann.

Zu beachten ist auch, daß bei Industriegrundstücken das Zubehör eine viel größere Bedeutung hat als bei landwirtschaftlichen Betrieben; die Entschädigung für das Zubehör nimmt daher bei Industriegrundstücken gewöhnlich einen viel größeren Umfang an.

3. Die Werbungskosten haben bei industriellen Betrieben dieselbe Rechtsnatur wie bei landwirtschaftlichen. Doch sind sie viel umfangreicher, verzweigter und feiner. Wie der industrielle Betrieb ein intensiverer, der Umsatz in ihm ein schnellerer ist als bei landwirtschaftlichen Betrieben, so sind auch die Beziehungen zwischen dem Industriebetriebe und dem sonstigen Vermögen des Grundstücksbesitzers viel reger. Für die Einrichtung der Grundstücke zu dem Betrieb, für die Inbetriebsetzung der Anlagen und die Verwertung der Produkte werden meist sehr erhebliche Beträge an Provisionen, Damnen, Gerichtskosten, Stempeln und Propagandageldern aufgewendet, die bei landwirtschaftlichen Betrieben nicht oder doch nur in geringfügigem Maße verausgabt werden; für alle diese Beträge kann der Grundstücksbesitzer Ersatz verlangen, sofern sie infolge der Einwirkung des Bergbaus vergebens aufgewendet werden.

Auch das Grundstück selbst dient bei industriellen Betrieben viel mehr werbenden Zwecken als bei landwirtschaftlichen. Denn während der Landwirt, namentlich der kleinere und mittlere, noch die Anlegung von Kapitalien nicht berufsmäßig ausführt und infolgedessen, soweit er nicht sinnlos spekuliert, sein Geld zu den normalen Sätzen verleiht und borgt, ist für den Industriellen die Aufnahme und Verleihung von Geld Nebenerwerb geworden; er borgt und verleiht Geld auf viel kürzere Fristen und ist daher infolge der starken Schwankungen des Zinsfußes für kurzfristige Darlehen auch viel größeren Wechselfällen ausgesetzt; es kommt hinzu, daß er für Leihgeld deswegen eine höhere Verzinsung bewilligen muß als der Landwirt, weil die Anlage von Kapitalien in einem industriellen Unternehmen vom Verkehre für riskanter angesehen wird als in einem landwirtschaftlichen Grundstücke. — Aus allen diesen Gründen hat es für den Industriellen eine viel größere Bedeutung als für den Landwirt, ob er infolge Beschädigung seines Grundstückes zunächst nicht Geld aus seinem Betriebe herausziehen und anderweitig ausleihen kann oder gar infolge der Beschädigung ein Darlehen aufnehmen muß. Den Schaden, der sich aus diesen Geldoperationen für das sonstige Vermögen des Besitzers eines Industriegrundstückes ergibt, kann dieser vom Bergwerksbesitzer ersetzt verlangen.

4. Sofern diese Werbungskosten infolge des Stillstandes des industriellen Betriebes verloren gegangen sind, kann der Grundstücksbesitzer sie als Verzugsschaden geltend machen, wenn der Verlust auf einem Verzuge des Bergwerksbesitzers beruht; in dieser Beziehung gelten dieselben Grundsätze wie bei landwirtschaftlichen Grundstücken, wenn auch der Verzugsschaden ebenso wie die verlorenen Werbungskosten viel mannigfaltiger ist. Für die Frage, ob der Verlust auf der Einwirkung des Bergbaus oder auf dem Stillstand des industriellen Betriebes beruht, gilt das für landwirtschaftliche Betriebe S. 141 f. Gesagte; zu berücksichtigen ist bei industriellen Grundstücken aber, daß sich hier ein Verlust der bereits verwendeten Werbungskosten häufig dadurch verhindert läßt, daß der Grundstücksbesitzer sie rechtzeitig aus dem Betriebe herauszieht. — Auch bei Industriegrundstücken kann der Grundstücksbesitzer ohne Nachweis eines Verzugsschadens eine vierprozentige Verzinsung seiner Schadensersatzforderung seit Eintritt des Verzuges beanspruchen.

5. Auch der entgangene Gewinn hat bei Industriegrundstücken eine erheblichere Bedeutung als bei landwirtschaftlichen Grundstücken; es folgt dies aus der spekulativen Natur des industriellen Betriebes. Wie bereits oben erwähnt ist, kann der Grundstücksbesitzer als entgangenen Gewinn

insbesondere die Beträge fordern, die er an bereits abgeschlossenen oder voraussichtlich abzuschließenden Lieferungen verdient haben würde. Er muß sich aber auf Grund der Vorteilsausgleichung dasjenige anrechnen lassen, was er an Aufwendungen, Zeitversäumnis etc. gespart hat.

§ 19. Unbebaute Grundstücke mit Baulandeigenschaft.

I. A. 1. Für jedes unbebaute Grundstück bildet die Möglichkeit, es der Bebauung zu erschließen, eine werterhöhende Eigenschaft, für deren Verlust Schadensersatz zu leisten ist. Die Möglichkeit der Bebauung bedeutet natürlich nicht, daß auf dem Grundstücke überhaupt Gebäude errichtet werden können, sondern daß die Errichtung von Gebäuden auf dem Grundstücke wirtschaftlich vorteilhaft ist; wirtschaftlich vorteilhaft ist die Bebauung dann, wenn die Gegend, in welcher das Grundstück gelegen ist, bereits in einem solchen Maße mit Gebäuden bedeckt ist, daß nach Lage der Umstände, insbesondere unter Berücksichtigung des Wachstums der Bevölkerung, anzunehmen ist, daß das zu errichtende Gebäude zweckentsprechend verwendet werden kann. Für das Vorhandensein der Baulandeigenschaft muß auch in Betracht gezogen werden, ob nicht etwa das Grundstück bereits durch frühere Einwirkungen des Bergbaus, die nicht mehr den Gegenstand des Rechtsstreites bilden, die Baulandeigenschaft verloren hat; in diesem Falle würde die Baulandeigenschaft nicht mehr durch die in Frage stehende Einwirkung des Bergbaus in Verlust geraten können, ein Ersatzanspruch auf Grund dieser Einwirkung mithin nicht begründet sein.

2. Hiernach liegen die Umstände, welche für den Erwerb der Baulandeigenschaft maßgebend sind, in erster Linie außerhalb der Macht des Grundstücksbesitzers. Dieser kann seinen Geschäftsbetrieb nicht darauf richten, seinem Grundstücke Baulandeigenschaft zu verschaffen; er kann zwar die Erlangung der Baulandeigenschaft fördern, indem er durch Anlegung von Straßen, Einrichtung von Verkehrsmitteln etc. die Ansiedelung auf seinem Grundstücke

zu heben sucht, jedoch ist diese Tätigkeit eine Einwirkung auf unabhängige Faktoren, nicht aber ein Geschäftsbetrieb; daß diese Einwirkung erfolgreich sei, ist lediglich Spekulation des Grundstücksbesitzers.

Daraus, daß die Baulandeigenschaft nicht durch einen Geschäftsbetrieb des Grundstücksbesitzers erlangt wird, folgt einmal, daß der derzeitige Nutzwert des Grundstückes nicht durch den Erwerb der Baulandeigenschaft steigt, und zweitens, daß das Grundstück, auch wenn es Baulandeigenschaft erworben hat, noch zu einem ganz andersartigen, landwirtschaftlichen oder industriellen Betriebe Verwendung finden kann. Ist letzteres der Fall, d. h. wird ein Grundstück mit Baulandeigenschaft zu landwirtschaftlichen oder industriellen Zwecken benutzt, so ist im Falle der Beschädigung durch Bergbau zunächst Schadensersatz wie für jedes andere landwirtschaftliche oder Industriegrundstück zu leisten; darüber hinaus kommt dann noch die Entschädigung für den Verlust der Baulandeigenschaft in Frage.

B. Das Grundstück hat infolge der Einwirkungen des Bergbaus dann seine Baulandeigenschaft verloren, wenn und insoweit eine Errichtung von Gebäuden trotz Anwendung von Vorkehrungsmaßregeln nicht möglich ist. Kann die Errichtung erfolgen, so kann der Grundstücksbesitzer Anbringung von Vorkehrungsmaßregeln an dem zu errichtenden Gebäude und Leistung von Schadensersatz für die trotz der Vorkehrungsmaßregeln auftretenden Schäden verlangen; er muß aber die Klage in Form einer Feststellungsklage erheben [1]), die Leistungsklage ist, soweit sie auf Anbringung von Vorkehrungsmaßregeln gerichtet ist, erst bei Errichtung des Gebäudes, im übrigen erst bei Auftreten der Schäden am Gebäude zulässig. Für den Anspruch auf Ersatz desjenigen Schadens, der an dem zu errichtenden Gebäude entstehen wird, finden die für bebaute Grundstücke geltenden Grundsätze, die im § 20 näher darzulegen sein werden, Anwendung. Eigenartig ist bei den unbebauten Grundstücken mit Baulandeigenschaft nur der Anspruch auf Schadens-

1) Vgl. oben S. 123f.

ersatz für den Verlust der Baulandeigenschaft; dieser wird deshalb allein im folgenden zu behandeln sein.

II. A. Von den fünf Schadensersatzansprüchen, die bei Beschädigungen von landwirtschaftlichen und Industriegrundstücken in Frage kommen[1]), scheidet einer, nämlich der Anspruch auf Ersatz von Störungen und Unbequemlichkeiten während der Herstellung, bei dem Verluste der Baulandeigenschaft gänzlich aus; erstens kommt insoweit, als die Baulandeigenschaft verloren ist, eine Herstellung des beschädigten Grundstückes und mithin auch Störungen wegen der Herstellung gar nicht in Frage, und zweitens findet an dem Grundstücke zum Erwerbe oder zur Erhaltung seiner Baulandeigenschaft kein Gebrauch statt, während jeder Anspruch für Störungen eine Gebrauchsentziehung voraussetzt.

B. Mangels eines Gebrauches des Grundstückes für den Erwerb oder die Erhaltung der Baulandeigenschaft wird der Gebrauchswert des Grundstückes auch gar nicht durch den Verlust der Baulandeigenschaft vermindert; der Grundstücksbesitzer kann also keinen Minderwert für den Verlust der Baulandeigenschaft verlangen, wenn er seinen Schaden nach dem Gebrauchswerte des Grundstückes berechnet. Dagegen erleidet der Tauschwert des Grundstückes einen sehr erheblichen Minderwert durch den Verlust der Baulandeigenschaft; denn im Verkehre wird das Vorhandensein der Baulandeigenschaft als ein Faktor angesehen, der den Wert des Grundstückes sehr wesentlich bestimmt; der Ersatz dieser Verminderung des Tauschwertes ist überhaupt der weitaus wichtigste Gegenstand, auf den der Anspruch des Grundstücksbesitzers im Falle des Verlustes der Baulandeigenschaft gerichtet ist.

Aus dem Gesagten folgt, daß bei allen Grundstücken, welche die Baulandeigenschaft verloren haben, die Minderung

---

1) Ueber die Rechtsnatur der Schadensersatzansprüche vgl. S. 127 ff. Das Wesen der einzelnen Ansprüche ist natürlich bei allen Gegenständen der Beschädigung das gleiche, infolgedessen gelten insoweit die für die landwirtschaftlichen Grundstücke gemachten Ausführungen auch für die unbebauten Grundstücke mit Baulandeigenschaft.

des Tauschwertes viel bedeutender ist als die des Gebrauchswertes, und der Ersatzanspruch des Grundstücksbesitzers bei Zugrundelegung des Tauschwertes viel größer ist als bei Zugrundelegung des Gebrauchswertes. Dieser Unterschied wird allerdings teilweise dadurch wieder ausgeglichen, daß der Grundstücksbesitzer bei Zugrundelegung des Gebrauchswertes den Verlust der Baulandeigenschaft als entgangenen Gewinn ersetzt verlangen kann. Immerhin ist in diesem Falle die Substantiierung schwieriger und das Ergebnis geringer, so daß der Grundstücksbesitzer bei Verlust der Baulandeigenschaft wohl stets die Berechnung nach dem Tauschwerte vorziehen wird, es sei denn, daß das Grundstück zugleich einen besonders hohen Gebrauchswert für einen landwirtschaftlichen oder industriellen Betrieb hat oder daß eine erhebliche Vorteilsausgleichung bei Zugrundelegung des Tauschwertes stattfinden würde.

C. Eine sehr erhebliche Bedeutung hat bei der Entziehung der Baulandeigenschaft der entgangene Gewinn. Er kommt natürlich nur dann in Frage, wenn der Grundstücksbesitzer seinen Schaden nach dem Gebrauchswerte berechnet. Er besteht darin, daß der Grundstücksbesitzer in absehbarer Zeit voraussichtlich durch Bebauung seines Grundstückes einen erheblich höheren Ertrag hätte erzielen können. Darüber, wie hoch dieser Mehrertrag voraussichtlich gewesen wäre und wann er voraussichtlich begonnen hätte, muß ein Grundstückssachverständiger gehört werden. Ist dieser Mehrertrag ein ständig wiederkehrender, so muß er in Form einer Kapitalsabfindung gewährt werden. Zu beachten ist unter allen Umständen, daß für die Zeit von der letzten mündlichen Verhandlung bis zu dem Zeitpunkte, an dem der Mehrertrag voraussichtlich erzielt wäre, die Zwischenzinsen abgezogen werden müssen [1]. Hätte der Grundstücksbesitzer voraussichtlich die Bebauung nicht selbst vorgenommen, sondern seinen Gewinn vorher sichergestellt, so muß dies bei Berechnung des entgangenen Gewinnes berücksichtigt werden.

---

1) Vgl. oben S. 73 f.

D. Von den verlorenen Werbungskosten haben diejenigen geringere Bedeutung, die auf das Grundstück selbst verwendet sind; es kann sich hier zwar um sehr erhebliche Beträge für Straßenanlegung, Pflasterungskosten, Kanalisierung etc. handeln, sie werden aber meist durch den entgangenen Gewinn abgegolten sein, es sei denn, daß sich die Spekulation als eine verfehlte erwiesen hat und der Gewinn nicht den aufgewendeten Unkosten entspricht. Größere Bedeutung kann dagegen der Wert haben, den die Baulandeigenschaft für das übrige Vermögen des Grundstücksbesitzers hat und der zusammen mit der Baulandeigenschaft durch die Einwirkung des Bergbaus vernichtet wird. Viele Grundstücksbesitzer, namentlich solche, die bewußt auf eine Werterhöhung des Grundstückes durch Erlangung der Baulandeigenschaft rechnen, werden jede Werterhöhung für ihr übriges Vermögen nutzbringend zu verwerten suchen; hierzu stehen ihnen viele Mittel zur Verfügung: sie können während der Zeit der Werterhöhung ein Darlehen aufnehmen unter hypothekarischer Verhaftung desjenigen Lokus, welcher der durch die Baulandeigenschaft gewonnenen Werterhöhung entspricht, und dann das Geld zu günstigeren Bedingungen verwerten, als sie selbst für das Darlehen zu zahlen verpflichtet sind; der ihnen hieraus erwachsende Gewinn würde bei Verlust der Baulandeigenschaft fortfallen. Sie können auch, wenn sie Geld für ihren Geschäftsbetrieb benötigen, dieses zu günstigeren Bedingungen erhalten, wenn sie es auf ihrem Grundstücke an einer Stelle, die durch die eingetretene Werterhöhung gedeckt ist, sicherstellen. Allen Schaden, der dem Grundstücksbesitzer dadurch entsteht, daß er die durch die Baulandeigenschaft gewonnene Werterhöhung seines Grundstückes nicht nutzbringend verwenden kann, hat der Bergwerksbesitzer zu ersetzen, sofern der Schaden auf die Einwirkung des Bergbaus zurückzuführen ist. Für die Frage, ob der Verlust der Werbungskosten auf die Einwirkung des Bergbaus oder die bereits eingetretene Entziehung der Baulandeigenschaft zurückzuführen ist, gilt das für landwirtschaftliche Grundstücke S. 134 ff. Gesagte; im Einklange mit den landwirtschaftlichen, aber im Gegensatze zu den Industriegrundstücken wird bei Grundstücken mit Baulandeigenschaft ein Herausziehen bereits verwendeter Werbungskosten nur in Ausnahmefällen möglich sein.

E. Der Verzugsschaden hat bei Verlust der Baulandeigenschaft nur Bedeutung, wenn der Grundstücksbesitzer einen Schaden bei der Verwertung seines Vermögens dadurch erleidet, daß dem Grundstücke die Baulandeigenschaft entzogen ist, und wenn dieser Schaden nicht eingetreten wäre, wenn der Bergwerksbesitzer den für die Entziehung der Baulandeigenschaft zu leistenden Schadensersatz vergütet hätte. Auch beim Verluste der Baulandeigenschaft kann der Grundstücksbesitzer ohne Nachweis eines Verzugsschadens eine vierprozentige Verzinsung seiner Schadensersatzforderung seit Eintritt des Verzuges beanspruchen.

§ 20. Bebaute Grundstücke.

I. Zu den bebauten Grundstücken, für welche sich die Schadensersatzpflicht bei Einwirkung des Bergbaus nach den in diesem Paragraphen darzulegenden Grundsätzen regelt, gehören vor allem die mit Wohnhäusern oder Fabrikgebäuden besetzten Grundstücke, gleichviel ob sie vom Grundstückseigentümer selbst benutzt oder an Dritte vermietet werden, ferner diejenigen Grundstücke, auf denen Gebäude und Anlagen errichtet sind, welche landwirtschaftlichen [1]) oder industriellen [2]) Betrieben dienen, endlich gehören hierher auch die Häuser, welche auf Grundstücken mit Baulandeigenschaft in Zukunft errichtet werden sollen [3]).

II. A. 1. Die Ersatzpflicht für Schäden von bebauten Grundstücken unterscheidet sich mehr quantitativ als qualitativ von der Ersatzpflicht für Schäden an unbebauten Grundstücken, die dem landwirtschaftlichen oder industriellen Betriebe dienen. Quantitativ ist der Unterschied freilich sehr erheblich; während die vier verschiedenen Arten von

---

1) Vgl. oben S. 132 f.
2) Vgl. oben S. 145 f.
3) Vgl. oben S. 149.

Bergbauschäden (Wasserentziehung, Wasserzuführung, schädliche Einwirkungen und Bodensenkungen) bei landwirtschaftlichen und industriellen Grundstücken in ziemlich gleichmäßiger Häufigkeit auftreten, haben für bebaute Grundstücke und ebenso für unbebaute Grundstücke mit Baulandeigenschaft die Wasserzuführung und die schädlichen Einwirkungen eine recht untergeordnete Bedeutung; auch die Fälle der Wasserentziehung kommen nicht allzu häufig vor: dagegen haben eine alle übrigen Schäden völlig überragende Bedeutung die Schäden infolge von Bodensenkungen, die infolge des Druckes, den das Gebäude ausübt, nicht nur bei bebauten Grundstücken ungleich häufiger auftreten als bei unbebauten Grundstücken, sondern auch einen erheblich größeren Umfang annehmen; während bei unbebauten Grundstücken nur sehr erhebliche Bodensenkungen einen nennenswerten Schaden hervorrufen, kann bei bebauten Grundstücken schon eine kleine Senkung, namentlich wenn sie unregelmäßig erfolgt, eine vollkommene Zerreißung der Fundamente und eine völlige Zerstörung des Hauses herbeiführen.

2. Dagegen ähnelt qualitativ die Ersatzpflicht für Schäden an bebauten Grundstücken derjenigen für Schäden an landwirtschaftlichen Grundstücken. Denn wenn man den Besitz eines Hausgrundstückes als Wirtschaftsbetrieb ansieht, wie es ja für die Schadensberechnung notwendig ist, so wird man zu dem Ergebnisse gelangen, daß ein derartiger Betrieb nicht intensiver ist als ein landwirtschaftlicher Betrieb. Sofern der Grundstücksbesitzer sein Haus allein bewohnt und nicht an andere vermietet hat, liegt überhaupt noch Naturalwirtschaft vor; aber selbst wenn der Grundstücksbesitzer seine Räume ganz oder teilweise vermietet hat, so tut er dies häufig nicht des gewinnbringenden Erwerbes halber, sondern weil er selbst die Räume nicht für sich verwenden kann und einerseits nicht das Grundstück veräußern kann oder will, andererseits aber den durch Leerstehen der Räume entstehenden Schaden vermeiden will. Gewiß gibt es auch Fälle, in denen die Vermietung von Räumen des Gewinnes halber ausgeübt und wie ein kaufmännischer Erwerb betrieben wird; derartige Fälle kommen

aber fast nur in Städten oder sonstigen großen Ortschaften vor, namentlich dort, wo die Bauordnungen die Errichtung von Mietskasernen gestatten; andererseits kommen aber auch dort verhältnismäßig wenig Bergschäden vor, weil die Bergwerksbesitzer es im allgemeinen wegen der unverhältnismäßig großen Entschädigungen vermeiden, ihre sich unter Städten und größeren Ortschaften hinziehenden Felder in den oberen Partien abzubauen.

Wird ein bebautes Grundstück nicht zu Wohnzwecken, sondern zu landwirtschaftlichen, industriellen oder gewerblichen Zwecken verwendet, so kann seine Beschädigung allerdings den Geschäftsbetrieb in Mitleidenschaft ziehen und einen erheblichen mittelbaren Schaden (verlorene Werbungskosten, Verzugsschaden) verursachen. Auf diesen Schaden finden die für den mittelbaren Schaden bei landwirtschaftlichen und Industriegrundstücken geltenden Grundsätze[1]) entsprechende Anwendung.

B. Die Rechtsnatur der fünf einzelnen Schadensersatzansprüche, die auch sämtlich für Schäden an bebauten Grundstücken gegeben sind, ist die gleiche wie bei denjenigen, die für Schäden an landwirtschaftlichen Grundstücken zugelassen sind; es wird diesbezüglich auf die Ausführungen S. 127 ff. verwiesen.

1. Der Anspruch auf Ersatz für Störungen und Unbequemlichkeiten während der Herstellung hat für bebaute Grundstücke große Bedeutung; dies liegt nicht, wie bei Industriegrundstücken, an der Intensität und Kompliziertheit des Wirtschaftsbetriebes, sondern an den beschränkten räumlichen Verhältnissen; sämtliche Bedürfnisse, für welche bebaute Grundstücke verwertet werden sollen, müssen in dem verhältnismäßig kleinen Raume des Hauses ihre Befriedigung finden, während bei landwirtschaftlichen und industriellen Grundstücken hierfür das ganze Grundstück zur Verfügung steht. Findet z. B. in einem Raume eine Reparatur statt, so kann dieser Raum gewöhnlich auch in seinem unbeschädigten Teile nicht benutzt werden; darüber

---

1) Vgl. oben S. 133 ff., 146 ff.

hinaus wird aber auch die Benutzung anderer Räume durch das mit den Herstellungsarbeiten verbundene Geräusch und den Schmutz beeinträchtigt; nicht selten werden die anderen Räume auch dadurch unbenutzbar, daß die aus den herzustellenden Räumen entfernten Sachen hier aufbewahrt werden müssen. Für alle diese Störungen und Unbequemlichkeiten muß der Bergwerksbesitzer den Besitzern des Grundstückes, zu denen auch die einzelnen Mieter des Hauses gehören, Schadensersatz leisten.

2. a) Als Minderwert des bebauten Grundstückes ist, wenn dieser neben der Herstellung gefordert wird, der vorübergehende Ertragsausfall bis zur Herstellung und der nach erfolgter Herstellung dauernd verbleibende Minderwert zu ersetzen; erfolgt keine Herstellung, so ist der infolge der Einwirkung des Bergbaus entstandene Minderwert zu ersetzen. Der vorübergehende Ertragsausfall kann nur nach dem Gebrauchswerte, der dauernde Minderwert nach dem Gebrauchs- oder nach dem Tauschwerte des Grundstückes berechnet werden; der Berechnung nach dem Gebrauchswerte sind die Einnahmen des Grundstücksbesitzers aus den Mieten sowie der Wert, den die von dem Grundstücksbesitzer selbst benutzten Räume haben, zugrunde zu legen. Der Grundstücksbesitzer hat ferner auch die Wahl, ob er seinen Schaden nach dem subjektiven oder nach dem objektiven Maßstabe berechnen soll.

b) Der dauernde Minderwert eines bebauten Grundstückes besteht in dem Materialschaden des Gebäudes und dem Mehr- oder Minderwerte, den die Grundfläche selbst infolge der durch den Materialschaden hervorgerufenen Verringerung der Standdauer des Gebäudes erfährt. Die bisher herrschende Auffassung, nur den Materialschaden zu berücksichtigen, kann als zutreffend nicht angesehen werden; denn Gegenstand der Beschädigung ist nicht das Gebäude, sondern das Grundstück, und die Beschädigung des Gebäudes kommt nur als Faktor für die Berechnung des Minderwertes des Grundstückes in Betracht.

α) Der Materialschaden des Gebäudes zeigt sich in der Verkürzung der Standdauer; er wird in der

Weise berechnet, daß das Gebäude als um die Zeit der Verkürzung seiner Standdauer gealtert angesehen wird, so daß der Wert des Gebäudes, den es in den nächstfolgenden Jahren gehabt haben würde, entschädigt werden muß; die Durchführung und die Gründe für die Richtigkeit dieser Berechnung sind bereits in eingehender Ausführung S. 125 ff. behandelt. Auf Grund dieser Berechnung wird nur der Materialschaden, nicht der Minderwert des Gebäudes festgestellt; ein Minderwert des Gebäudes wird überhaupt nicht berechnet, sondern nur der Minderwert des Grundstückes. Da es sich also bei vorstehender Berechnung nicht um einen Minderwert, sondern um einen Materialschaden handelt, so kommen hier auch die Unterschiede zwischen Gebrauchs- und Tauschwert und zwischen objektivem und subjektivem Maßstab nicht in Frage.

β) Die Verkürzung der Standdauer des Gebäudes kann für den Wert des Grundstückes bald vorteilhaft und bald unvorteilhaft sein; vorteilhaft ist sie dann, wenn das Grundstück durch das beschädigte Gebäude nicht zweckmäßig ausgenutzt war, so daß der Grundstücksbesitzer durch die Aussicht auf den früheren Fortfall des Gebäudes die Möglichkeit erhält, das Grundstück durch ein anderes Gebäude zweckmäßiger auszunutzen; unvorteilhaft ist die Verkürzung der Standdauer für das Grundstück dann, wenn das Grundstück gerade in denjenigen Jahren, um welche die Lebensdauer des Gebäudes verkürzt ist, besonders vorteilhaft ausgenutzt worden wäre. Es sind also mehrere Momente dafür maßgebend, ob die Verkürzung der Standdauer für das Grundstück von Vorteil oder von Nachteil ist: einmal die Frage der Zweckmäßigkeit oder Unzweckmäßigkeit des Gebäudes; im Falle der Zweckmäßigkeit ist die Verkürzung seiner Standdauer für das Grundstück unvorteilhaft, im Falle der Unzweckmäßigkeit ist sie vorteilhaft. Zweitens die Frage, ob die Standdauer des Gebäudes um günstigere oder um ungünstigere Jahre verkürzt ist; günstiger sind die jüngeren Jahre, in denen das Bauwerk besser erhalten und moderner ist, ungünstiger die älteren, in denen es unmodern wird und sein Verfall beginnt. Als drittes Moment, das den Wert des

Grundstückes lediglich benachteiligen kann, kommt in Betracht, ob etwa infolge der Einwirkung des Bergbaus (natürlich nur infolge der bisherigen Einwirkung) die Bebauung des Grundstückes nach Fortfall des bisherigen Gebäudes für eine Reihe von Jahren unmöglich gemacht wird; dies letztgenannte Moment wird aber nur dort in Frage kommen, wo sehr alte Gebäude um die letzten Jahre ihrer Standdauer verkürzt werden oder wo jüngere Gebäude derartig infolge der Einwirkung des Bergbaus gelitten haben, daß sie unbenutzbar geworden sind, d. h. nur in solchen Fällen, in denen das beschädigte Gebäude bald abgebrochen werden muß und die Errichtung eines neuen Gebäudes in kurzer Zeit erfolgen würde; in anderen Fällen würde dies Moment deswegen ohne Bedeutung sein, weil jede bergbauliche Einwirkung nur eine gewisse Zeit, höchstens etwa 10 Jahre lang, anzuhalten pflegt und weil nach Ablauf dieser Zeit der Boden zur Ruhe gekommen ist, sofern nicht eine neue Bodenbewegung entstanden ist; der Errichtung von Gebäuden auf dem zur Ruhe gekommenen Boden würden aber Hindernisse nicht entgegenstehen.

Die vorstehend aufgeführten drei Momente bewirken, daß der Wert des Grundstückes infolge der Verkürzung der Standdauer des Gebäudes erhöht oder gemindert wird. Diese Erhöhung oder Minderung kann nach Wahl des Grundstücksbesitzers nach dem Gebrauchs- oder Tauschwerte, nach subjektivem oder objektivem Maßstabe berechnet werden. Die Berechnung nach dem Tauschwerte ist verhältnismäßig einfach; durch das Gutachten eines mit Grundstücksangelegenheiten vertrauten Sachverständigen kann die Feststellung getroffen werden, welchen Einfluß die Verkürzung der Standdauer des Gebäudes auf den im Grundstücksverkehre angenommenen Wert des Grundstückes gehabt hat. Schwieriger ist die Feststellung, wenn der Berechnnng der Gebrauchswert zugrunde gelegt werden soll; die sehr komplizierte Berechnung würde sich etwa folgendermaßen gestalten: Es ist der durchschnittliche Ertrag des Grundstückes zu berechnen, den es in den Jahren gehabt haben würde, um welche die Standdauer des Gebäudes verkürzt ist; diese Durchschnittszahl ist mit dem Werte des Grundstückes einschließlich des unbeschädigten Gebäudes, den es im Durchschnitte der gleichen Jahre gehabt hätte, zu vergleichen: ist dann der Durchschnittsertrag des Grundstückes höher als derjenige Ertrag, der gewöhnlich bei bebauten Grundstücken angenommen wird (etwa 6 Prozent), so hat das Grundstück durch die Verkürzung der Standdauer einen Nachteil, im umgekehrten Fall einen Vorteil erfahren; um die Höhe dieses Vorteils oder Nachteils zu berechnen, ist es erforderlich, die Differenz zwischen dem Durchschnittsertrag und dem bei bebauten Grundstücken gewöhnlichen Ertrage festzustellen und diese Differenz zu kapitalisieren, und zwar, wenn man als gewöhnlichen Ertrag 6 Prozent annimmt, mit dem $16^{2}/_{3}$-fachen Betrage. Dieses Kapital stellt dann den Vorteil oder Nachteil dar, den das Grundstück infolge der Verkürzung der Standdauer des Grundstückes erfahren hat. Es ist aber hierbei das dritte Moment noch nicht berücksichtigt, nämlich der Nachteil, der dem Grundstückswerte aus einer Unbebaubarkeit nach Abbruch des beschädigten Gebäudes erwachsen würde; um auch dieses Moment zu erfassen, muß man den gesamten Ertragsausfall, den das Grundstück in den Jahren der Unbebaubarkeit haben würde, zusammenzählen und von ihm die Zwischenzinsen bis zum Eintritte der einzelnen Ausfälle kürzen. Der auf diese Weise erhaltene Betrag stellt den Nachteil dar, der dem Grundstückswerte infolge der späteren Unbebaubarkeit erwachsen würde.

Die etwaige Minderung, die der Grundstückswert infolge der Verkürzung der Standdauer des Gebäudes erleidet, hat der Bergwerksbesitzer außer dem für den Materialschaden des Gebäudes zu leistenden Ersatz zu vergüten, dagegen darf er auf Grund der Vorteilsausgleichung von dem Ersatze des Materialschadens eine etwaige Werterhöhung, die das Grundstück infolge der Verkürzung der Standdauer des Gebäudes erfährt, in Abzug bringen. In einem Falle hat übrigens der Unterschied der Berechnung nach dem Gebrauchs- und Tauschwerte sehr große praktische Bedeutung: Ist nämlich die Einwirkung des Bergbaus auf das Grundstück schon vor der Bebauung des Grundstückes eingetreten, wird sie aber erst erkannt, wenn das Grundstück bebaut wird, so muß der Grundstücksbesitzer seinem Entschädigungsanspruche den Tauschwert des Grundstückes zugrunde legen; denn da für die Entschädigung nach dem Gebrauchswerte die Einwirkung des Bergbaus der maßgebende Zeitpunkt ist[1]), so würde in diesem Falle der Grundstücksbesitzer nur Entschädigung für ein unbebautes, nicht aber für ein bebautes Grundstück verlangen können; wird aber die Entschädigung nach dem Tauschwerte berechnet, so bestimmt sie sich nach dem Zeitpunkte, in dem der Schaden in die Erscheinung getreten ist[2]), also erst nach dem Werte des bebauten Grundstückes.

Auch für den Minderwert des beschädigten Zubehörs muß der Bergwerksbesitzer Ersatz leisten; dies kann, namentlich bei Fabrikanlagen, von sehr erheblicher Bedeutung sein.

3. Der entgangene Gewinn hat bei bebauten Grundstücken eine sehr geringe Bedeutung; ein Ersatzanspruch aus diesem Gesichtspunkte würde dem Grundstücksbesitzer nur dann zustehen, wenn er das Grundstück besonders vorteilhaft hätte verkaufen oder vermieten können, sofern es nicht durch die Einwirkung des Bergbaus beschädigt worden wäre. Der normale Mietsertrag ist kein Gewinn, sondern ein Erträgnis der Grundstückssubstanz und wird durch Zahlung des Minderwertes abgegolten.

4. Auch die verlorenen Werbungskosten spielen bei bebauten Grundstücken keine erhebliche Rolle, soweit die Häuser lediglich Wohnzwecken dienen; eine Ausnahme bilden hier nur die Kosten, die dem Besitzer des Grundstückes dann erwachsen, wenn infolge der Einwirkung des Bergbaus das Grundstück geräumt werden muß (Umzugskosten etc.). Von den Werbungskosten, die der Grundstücksbesitzer auf das Grundstück selbst verwendet hat, darf er die Verbesserungskosten dem Werte des Gebäudes zuzählen und kann infolgedessen seinem Materialschaden einen höheren Betrag zugrunde legen. Diese Beträge können also nicht nochmals als Werbungskosten beansprucht werden. Son-

---

1) Vgl. oben S. 48.

2) Vgl. oben S. 48.

stige Werbungskosten, z. B. Kosten für das Annoncieren leerstehender Wohnungen, Kosten für Hausreinigung etc., kann der Grundstücksbesitzer verlangen, wenn die Wohnung infolge der Beschädigung durch den Bergbau unvermietbar war und die Kosten für die Hausreinigung auf Grund des bestehenden Vertrages bezahlt werden mußten, obgleich die Reinigung selbst wegen Räumung des Hauses nicht mehr ausgeübt werden konnte.

Das bebaute Grundstück selbst hat für das übrige Vermögen des Grundstücksbesitzers werbende Bedeutung, wenn der Grundstücksbesitzer, wie bereits erwähnt, das Grundstück infolge der Einwirkung des Bergbaus räumen muß und für die Räumung Aufwendungen aus seinem sonstigen Vermögen machen muß. Sonstige Werbungskosten kommen nur dann in Frage, wenn der Grundstücksbesitzer das Vermieten des Grundstückes als Erwerbstätigkeit oder als Teil einer solchen betrachtet. Würde z. B. der Grundstücksbesitzer das Geld, das er für die Veräußerung oder Belastung oder aus den Mieten des Grundstückes erzielt haben würde, wenn es nicht durch den Bergbau beschädigt wäre, anderweitig werbend verwendet haben, sei es um es vorteilhaft anzulegen, sei es um Schulden zu begleichen, so kann er von dem Bergwerksbesitzer Ersatz des Schadens fordern, der ihm infolge der Nichtverwendung des Geldes entstanden ist. Auch für andere Erwerbszweige können bebaute Grundstücke werbend verwendet werden; wenn z. B. Arbeiterhäuser infolge von Bergbauschäden geräumt werden müssen, die Arbeiter infolge des Umzuges einen Tag feiern oder gar infolge Mangel an Unterkunft die Gegend verlassen müssen, so kann der Besitzer der Arbeiterhäuser auch Ersatz desjenigen Schadens beanspruchen, der ihm infolge der in seinem Fabrikbetriebe eintretenden Störungen erwächst. Ebenso kann der Mieter Ersatz des Lohnausfalles und der Umzugskosten verlangen.

Erhebliche Bedeutung haben die verlorenen Werbungskosten dagegen bei den zum Geschäftsbetrieb verwendeten Grundstücken; muß hier der Betrieb infolge der Beschädigung des Gebäudes dauernd oder zeitweilig eingestellt werden, so muß der Bergwerksbesitzer den dem Grundstücksbesitzer hieraus entstehenden Schaden ersetzen [1]).

5. Soweit der Verlust der Werbungskosten nicht auf der Einwirkung des Bergbaus, sondern auf dem mangelhaften Zustande des Gebäudes beruht, kann der Grundstücksbesitzer Ersatz der Werbungskosten als Verzugsschaden verlangen, wenn der Verlust bei rechtzeitiger Leistung des im Verzug befindlichen Bergwerksbesitzers nicht eingetreten wäre. Für die Frage, ob der Verlust der Werbungskosten auf der Einwirkung des Bergbaus oder dem mangelhaften Zustande des Gebäudes beruht, gilt auch hier das für landwirtschaftliche Grundstücke S. 134 f. Gesagte; auch bei bebauten Grundstücken ist ein Herausziehen bereits verwendeter Werbungskosten nur ausnahmsweise möglich. Der Verzugsschaden hat nur bei Fabrik-, nicht bei Hausgrundstücken Bedeutung; jedoch ist auch bei letzteren der Grundstücksbesitzer berechtigt, ohne weiteren Nachweis eines Verzugsschadens eine vierprozentige Verzinsung der Schadensersatzforderung seit Eintritt des Verzuges zu beanspruchen.

1) RG. in der Zeitschrift für Bergrecht, Bd. 44 S. 141. Die Werbungskosten müssen aber aus dem durch den Bergbau beschädigten Grundstücke auf den eingestellten oder eingeschränkten Gewerbebetrieb verwendet sein; ist der Gewerbebetrieb dadurch geschädigt, daß Kunden ihre vom Bergbau beschädigten Häuser haben räumen müssen, so besteht keine Ersatzpflicht (RG. in Zivilsachen, Bd. 64 S. 276).

II. Das Verfahren zur Berechnung der Entschädigung.
(Prozessrecht.)

§ 21. Der Prozeßbetrieb.

I. Die Entschädigung für Bergbauschäden wird vor den ordentlichen Gerichten nach dem in der Zivilprozeßordnung geregelten Verfahren geltend gemacht. Die Vorschriften, welche für alle vor diesen Gerichten geführten Rechtsstreitigkeiten gelten, finden auch auf die Entschädigungsprozesse Anwendung. Es kann natürlich nicht Aufgabe dieser Darstellung sein, alle diese Vorschriften aufzuzählen; mit Rücksicht auf die großen Schwierigkeiten aber, welche die Aufstellung und Durchführung einer korrekten und zweckmäßigen Entschädigungsforderung bietet, erscheint es angezeigt, klarzulegen, wie diese Aufgabe von den Beteiligten in sachgemäßer Weise zu lösen ist; sie ist so schwierig, daß sie von allen Beteiligten, Parteien, Anwälten, Gericht und den eventuell zuzuziehenden Sachverständigen, völlige Vertrautheit mit dem Prozeßstoffe und vertrauensvolles Zusammenarbeiten miteinander verlangt.

II. A. Der klagende Grundstücksbesitzer muß sich zunächst einmal darüber klar werden, in welcher Weise der Bergbau nach seiner Ansicht auf das Grundstück eingewirkt hat; er muß sich ferner im klaren darüber sein, welchen Schaden diese Einwirkungen verursacht haben; zu diesem Schaden gehören nicht nur, wie in dem ersten Teile dieser Abhandlung eingehend dargelegt ist, die unmittelbaren Beschädigungen des Grundstückes, sondern auch alle mittelbaren Schäden, welche das Grundstück selbst, den Geschäftsbetrieb und das Gesamtvermögen des Grundstücksbesitzers betroffen haben. Er darf die Mühe nicht scheuen, seine ganzen Erwerbs-, Einkommens- und Vermögensverhältnisse daraufhin zu prüfen, ob sie nicht etwa infolge der Einwirkung des Bergbaus geschädigt sind; denn die hierauf verwendete Arbeit macht sich gewöhnlich durch eine erhebliche Steigerung seines Entschädigungsanspruchs reichlich bezahlt. Die Aufstellung soll er auch in möglichst eingehender Form zu Papier bringen; denn sein Rechtsbeistand ist nicht in der Lage, eine ausführlich erteilte Information genau zu behalten. Erst wenn der Grundstücksbesitzer alles dies getan hat, soll er sich an einen ihm geeignet erscheinenden Rechtsanwalt wenden; diesen soll er auch dann zuziehen, wenn er zunächst auf gütlichem Wege von dem Bergwerksbesitzer Entschädigung zu erlangen sucht. Denn erst der Rechtsanwalt wird der Entschädigungsforderung die juristisch zweckmäßigste Form geben und dadurch dem Grundstücksbesitzer Vorteile verschaffen, die erheblich größer sind als die dem Rechtsanwalte zu entrichtenden Kosten. Daß der Grundstücksbesitzer sich außerdem vor Geltendmachung eines Anspruchs von einem Techniker ein Privatgutachten erstatten läßt, erscheint bei größeren und schwierigeren Sachen durchaus angebracht; selbstverständlich ersetzt aber die Zuziehung eines Technikers niemals die des Juristen, ebensowenig natürlich die Zuziehung eines Juristen die des Technikers.

B. Der Rechtsbeistand des Grundstücksbesitzers soll, falls nicht aus besonderen Gründen Eile erforderlich ist, an die Bearbeitung des Stoffes erst dann herantreten, wenn ihm der Grundstücksbesitzer alle nötigen Unterlagen beigebracht hat, und er soll die Ansprüche erst dann gegenüber dem Bergwerksbesitzer geltend machen, wenn er den Stoff vollkommen durchgearbeitet hat. Zur Durcharbeitung des Stoffes gehört vor allem die Entscheidung der Frage, ob es für den Grundstücksbesitzer vorteilhafter ist, Herstellung oder Schadensersatz zu fordern; im Falle der Herstellung muß dann der Rechtsanwalt noch die Wahl zwischen Naturalherstellung und Zahlung des zur Herstellung erforderlichen Geldbetrages treffen; im Falle des Schadensersatzes muß er wählen, ob er den Schaden nach dem Gebrauchswerte oder nach dem Tauschwerte des Grundstückes, nach dem objektiven oder subjektiven Maßstabe berechnen will; zwischen der objektiven und subjektiven Berechnung muß er auch dann wählen, wenn er sich für den Anspruch auf Zahlung des zur Herstellung erforderlichen Geldbetrages entscheidet. Um sich über die Ausübung aller Wahlrechte zu entscheiden, muß der Anwalt natürlich nicht nur mit allen im einzelnen Falle zu erwartenden Rechtsfolgen vertraut sein, sondern er muß auch den ihm vom Grundstücksbesitzer gelieferten Tatbestand nach allen Richtungen hin geprüft haben; maßgebend für seine Entscheidung wird nicht nur die Erwägung sein, auf welchem Wege der Grundstücksbesitzer bei Zugrundelegung seiner eigenen Darstellung den größten Vorteil erzielen würde, sondern auch die Erwägung, auf welchem Wege die Behauptungen des Grundstücksbesitzers am leichtesten nachweisbar sein würden und der Anspruch daher am schnellsten und sichersten erfüllt werden könnte. Der Anwalt wird auch suchen, Komplikationen möglichst zu vermeiden und den gesamten Stoff möglichst in einem einheitlichen Verfahren zu erledigen. — Ueber alle diese Momente muß sich der Anwalt klar sein, bevor er die Entschädigung von dem Bergwerksbesitzer verlangt, selbst wenn er zurzeit noch nicht zu erklären braucht, welches Wahlrecht er ausüben will; denn Klarheit über den Weg zum Ziele bringt stets einen taktischen Vorteil für sein Erreichen.

C. 1. Der Bergwerksbesitzer seinerseits muß sich über die Einwendungen, die ihm gegen den Anspruch des Grundstücksbesitzers zustehen, klar werden; auch für ihn ist es vorteilhaft, sich über alle Momente Klarheit auch dann zu verschaffen, wenn sie zunächst noch nicht vorgebracht zu werden brauchen. Als Wahlrecht steht ihm nur die Befugnis aus § 251 Abs. 2 BGB. zu, statt der Herstellung Schadensersatz zu leisten, wenn die Herstellung nur mit unverhältnismäßigen Aufwendungen möglich ist; natürlich wird auch er sich schlüssig machen, ob er von dieser Befugnis Gebrauch machen will.

Die von dem Bergwerksbesitzer vorzubringenden Einwendungen können juristischer, berg- oder bautechnischer Natur sein; ein sehr häufiger Einwand, der zugleich berg- und bautechnisch ist, geht z. B. dahin, daß die Schäden, die an einem Gebäude aufgetreten sind, nicht auf eine Einwirkung des Bergbaus, sondern auf Konstruktionsfehler oder schlechtes Material zurückzuführen sind. Da die Bergwerke gewöhnlich im Besitze von Gesellschaften sind, welche eine Reihe von Angestellten haben, so verfügt der Bergwerksbesitzer meist selbst über die nötigen Unterlagen, um seine Einwendungen zu begründen; berg- und bautechnische Angestellten finden sich fast in jedem Bergwerksbetrieb, jedoch fehlt es häufig an einem Juristen. Dies ist oft für den Bergwerksbesitzer selbst ein großer Nachteil; denn ein eigener juristischer Berater kann ihm infolge seines Zusammenarbeitens mit den Technikern sehr nützlich sein. Auch bei mittleren Bergwerksbetrieben, bei welchen in etwa zwanzig oder dreißig Fällen jährlich Entschädigungen im gütlichen Wege oder durch Klageerhebung gefordert werden, dürfte sich die Beschäftigung eines Juristen lohnen, zum mindesten eines beurlaubten Gerichtsassessors, dem gleichzeitig Gelegenheit gegeben wird, die kaufmännische und technische Seite des Unternehmens kennen zu lernen. Eine juristische Hilfskraft sollten auch die allergrößten Bergwerksunternehmen zur Bearbeitung der Entschädigungsforderungen heranziehen, wenn ihr Justitiar sich infolge Ueberlastung diesen Fragen nicht mehr widmen kann.

2. Die B e a r b e i t u n g der gegen das Bergwerksunternehmen erhobenen Entschädigungsansprüche kann dem Techniker so lange verbleiben, als eine gütliche Einigung mit dem Grundstücksbesitzer zu erwarten ist; der Techniker wird in diesem Falle den Juristen befragen, ob Einwendungen juristischer Natur gegenüber dem geltend gemachten Anspruch zu erheben sind; sofern dies nicht der Fall ist, wird er mit dem Grundstücksbesitzer weiterverhandeln. Ob in diesem Stadium die Bearbeitung besser dem Bergtechniker (Markscheider) oder Bautechniker zu übertragen ist, hängt von den in Betracht kommenden Personen ab; im allgemeinen

dürfte die Bearbeitung durch den Bautechniker vorzuziehen sein, da dieser gleichzeitig die zur Naturalherstellung erforderlichen Anstalten treffen kann; natürlich wird er, bevor er den Anspruch des Grundstücksbesitzers bewilligt, den Markscheider befragen, ob die Schäden auf Einwirkungen des Bergbaus zurückzuführen sind. Wenn gegen den Anspruch Einwendungen juristischer Natur zu machen sind, wenn die Verhandlungen sich längere Zeit hinziehen oder wenn der Grundstücksbesitzer Klage erhoben hat, so muß die Bearbeitung der Sache unter allen Umständen dem Juristen übertragen werden; denn er versteht es am besten, die Bedeutung und die Folgen einer rechtsverbindlichen Willenserklärung zu übersehen und den taktisch richtigen Weg einzuschlagen. Dies ist nicht etwa die Folge einer Ueberlegenheit des Berufes, denn technische und juristische Ausbildung sind einander durchaus gleichwertig; wohl aber ist es eine Folge der juristischen Ausbildung selbst, die den Juristen befähigen muß, nicht nur die Gesetzesparagraphen auf den einzelnen Fall anzuwenden, sondern auch die rechtlichen Folgen jeder Erklärung zu übersehen und den für die Interessen des Bergwerksbesitzers vorteilhaftesten Weg zu finden. Ist vollends die Klage bereits erhoben, so versteht es sich eigentlich von selbst, daß die Sache durch den Juristen bearbeitet wird; denn es gehört zu seiner Aufgabe, in dem Informationsschreiben an seinen Rechtsbeistand die Einwendungen, auch solche technischer Natur, in der richtigen juristischen Formulierung vorzubringen, während der Techniker seine Einwendungen in einer Form vortragen wird, die ihm selbst geläufig ist, dem Anwalte aber bisweilen unverständlich sein wird. Natürlich wird der Jurist sich in jedem einzelnen Falle an den Techniker wenden, um ihn zu einer Aeußerung über technische Fragen zu veranlassen. Die empfehlenswerteste Art des Zusammenarbeitens dürfte folgende sein: Der Jurist übersendet die zugestellte Klage oder das Schreiben, in welchem der Grundstücksbesitzer eine Entschädigung verlangt, dem Berg- und Bautechniker zur Aeußerung über etwa von ihnen zu erhebende Einwendungen technischer Natur; diesen Einwendungen wird er selbst dann die korrekte juristische Formulierung geben oder, wenn er noch Rückfragen wegen dieser Einwendungen für erforderlich hält, diese mit den Technikern mündlich oder schriftlich zu erledigen suchen. In späteren Schreiben oder Schriftsätzen des Grundstücksbesitzers hat sich dann der Streit gewöhnlich auf eine oder wenige Fragen beschränkt; hier braucht der Jurist von den Technikern eine Aeußerung nur dann herbeizuführen, wenn es sich um technische, ihm selbst aus dem bisherigen Gange der Verhandlungen noch nicht geläufige Fragen handelt. Dieses Zusammenarbeiten von Juristen und Technikern fördert (der Verfasser dieser Darstellung kann dies aus eigener Erfahrung bezeugen) die Erledigung der Arbeiten und bewährt sich in der Praxis außerordentlich.

3. Der Bergwerksbesitzer soll es vermeiden, die An- und Ausführungen des Grundstücksbesitzers in unsubstantiierter Weise oder wider bessere Ueberzeugung zu bestreiten. Die Taktik mancher Bergwerksbesitzer, grundsätzlich jede Bergschädenangelegenheit zum gerichtlichen Austrag zu bringen und den Prozeß möglichst in die Länge zu ziehen, um dann den Grundstücksbesitzer, wenn er Geld braucht, zum Abschlusse eines für ihn unvorteilhaften Vergleiches zu veranlassen, ist sehr kurzsichtig; denn nicht nur werden die durch einen etwaigen Vergleich entstehenden Vorteile durch die Prozeßkosten und den mit der Bearbeitung des Rechtsstreites verbundenen Zeitverlust meist aufgewogen, sondern es entsteht auch hierdurch eine Verbitterung des einzelnen Grundstücksbesitzers wie seiner Nachbarn und Freunde, die ein gleiches Schicksal befürchten; diese Verbitterung richtet sich dann auch leicht gegen andere Bergwerksunternehmen und bewirkt eine allgemeine Abneigung gegen die Bergwerksindustrie. Schließlich werden selbst die Gerichte, welche sehen, daß die Einwendungen des Bergwerksbesitzers völlig haltlos sind, mißtrauisch und gehen dann auf Einwendungen des Bergwerksbesitzers weniger ein, als es vielleicht hie und da erforderlich wäre; manche Entscheidung, die in zweifelhaften Fällen zu Ungunsten des Bergwerksbesitzers ausfällt, ist, den Richtern meist unbewußt, durch diese kurzsichtige Taktik des Bergwerksbesitzers herbeigeführt.

Andererseits soll der Bergwerksbesitzer auch nicht jeden Entschädigungsanspruch des Grundstücksbesitzers ohne Rücksicht auf seine Berechtigung erfüllen, um nur die mit jedem Rechtsstreite verbundenen Scherereien zu vermeiden. Eine unverdient hohe Abfindung bildet für andere Grundstücksbesitzer einen Anreiz, gleiche Ansprüche zu erheben, und führt schließlich dazu, daß entweder der Bergwerksbesitzer ganz unverhältnismäßig hohe Entschädigungen zahlen muß oder daß die übrigen Grundstücksbesitzer über die ungerechtfertigte Bevorzugung des einen Besitzers erbittert sind.

D. Die Tätigkeit des Rechtsbeistandes des Bergwerksbesitzers ist naturgemäß eine beschränktere, wenn er von diesem bereits eine juristisch formulierte Information erhält. Immerhin wird er den Bergwerksbesitzer durch sein juristisches Wissen und infolge der persönlichen Kenntnis des Gerichts wie des Gegners noch manchen wertvollen Dienst, nicht zum wenigsten auf dem Gebiete der Prozeßtaktik, leisten können. Er wird auch darauf achten müssen, daß sein Gegner den Anspruch ordnungsmäßig substantiiert, und wird endlich auch durch gute Taktik zu erreichen suchen, den Gegner auf eine bestimmte Art der Berechnung, und zwar auf eine dem Bergwerksbesitzer möglichst günstige, festzulegen. Endlich wird er auch danach streben, daß das Gericht einen Sachverständigen auswählt, der im allgemeinen dem Bergwerksbesitzer günstige Gutachten erstattet.

E. Das Prozeßgericht endlich hat darauf zu halten, daß die Klage des Grundstücksbesitzers wie die Einwendungen des Bergwerksbesitzers ordnungsmäßig substantiiert werden; insbesondere hat es darauf zu sehen, daß der Grundstücksbesitzer erklärt, nach welcher Richtung er seine Wahlrechte ausübt; verlangt der Grundstücksbesitzer Naturalherstellung, so hat er in seinem Klageantrage genau anzugeben, welche Schäden er beseitigt wissen will [1]. Alle diese Erklärungen hat das Gericht, eventuell durch Aus-

1) Aber nicht die Mittel zur Beseitigung der Schäden, die nur dann zur Substantiierung der Klage erforderlich sind, wenn der zur Herstellung erforderliche Geldbetrag verlangt wird (vgl. oben S. 34, 123).

übung des Fragerechts gemäß § 139 ZPO., von den Parteien zu erfordern, bevor es eine Entscheidung, sei es ein Urteil sei es einen Beweisbeschluß, erläßt. Auch vor Erlaß eines Beweisbeschlusses muß das Gericht sich darüber klar sein, welche Behauptungen der Parteien es für rechtlich erheblich hält. Aus dem Beweisbeschlusse muß sich bereits die Rechtsauffassung des Gerichts ergeben, wenn es auch bei Erlaß des Urteils nicht mehr an diese gebunden ist. Dieser Rechtsstandpunkt ist insbesondere in einem solchen Beweisbeschlusse zum Ausdruck zu bringen, durch welchen das Gutachten eines Sachverständigen erfordert wird; es ist absolut unzulässig, wie dies leider häufig geschieht, von dem Sachverständigen einfach ein Gutachten über die Höhe der Entschädigung einzuholen, ohne ihm genau anzugeben, in welcher Weise er den Schaden berechnen soll; nur den Betrag, den der Sachverständige auf Grund seiner Sachkenntnis abschätzen kann, hat der Sachverständige anzugeben, alle übrigen für das Ergebnis in Betracht kommenden Momente, insbesondere die Art der Berechnung (nach Gebrauchs- oder Tauschwert, nach objektivem oder subjektivem Maßstabe etc.), hat das Gericht genau vorzuschreiben; das Gericht hat ferner dem Sachverständigen genau anzugeben, welche Störungen während der Reparatur, welche Werbungskosten, welchen Verzugsschaden und welchen entgangenen Gewinn er abschätzen soll. Natürlich genügt nicht das Ersuchen, der Sachverständige soll alle „von dem Kläger in der Klageschrift geltend gemachten Werbungskosten", womöglich noch „unter Berücksichtigung der hiergegen vom Beklagten gemachten Einwendungen", abschätzen; der Beweisbeschluß muß vielmehr vollkommen nach dem konkreten Tatbestand formuliert werden, mag dies auch unständlich und zeitraubend erscheinen; ebenso sind Formulierungen wie „Abschätzungen nach dem Gebrauchswerte des Grundstückes, nach dem subjektiven Maßstabe" zu vermeiden; auch diese Arten der Berechnung müssen nach dem konkreten Tatbestande formuliert werden [1]). Dem Sachverständigen darf hiernach niemals ein

1) Also etwa folgendermaßen: „Der Sachverständige soll den Wert des Grundstückes in der Weise berechnen, daß er den Ertrag, den der Grundstücks-

aus technischen und Rechtsfragen gemischtes Gutachten zugemutet werden; es sind ihm vielmehr lediglich Fragen technischer Art, für die er sachverständig ist, vorzulegen. — Eine weitere schwierige Aufgabe des Gerichts besteht auch in der Auswahl des Sachverständigen; es hat nicht nur darauf zu sehen, daß der Sachverständige die zur Beantwortung der gestellten Fragen erforderlichen Sachkenntnisse besitzt, sondern auch, daß er nicht in dem ständigen Interessenstreite zwischen Grundstücks- und Bergwerksbesitzern bewußt oder unbewußt der Partei einer den beiden Beteiligten zu nahe steht, um ein unparteiisches Gutachten erstatten zu können,

§ 22. Die Sachverständigen.

I. Die Entscheidung der meisten Entschädigungsprozesse hängt ab von dem Ausfall der Gutachten der Sachverständigen. Nur bei wenigen anderen Arten von Rechtsstreitigkeiten treten so zahlreiche Streitfragen verschiedenster Art, welche die Zuziehung von Sachverständigen erforderlich machen, wie bei den Entschädigungsprozessen auf. Bei dem bedeutenden Umfange, den die Entschädigungsprozesse ihrer Zahl und Bedeutung nach haben, muß daher besondere Aufmerksamkeit darauf verwendet werden, die Sachverständigen richtig auszuwählen und von ihnen solche Gutachten zu erlangen, die unparteiisch und sachgemäß sind; sachgemäß ist ein Gutachten dann, wenn es die gestellte Frage unter eingehender Würdigung des zugrunde liegenden Tatbestandes nach dem neuesten Stande der Wissenschaft beantwortet, ohne auf Dinge einzugehen, die außerhalb des Bereiches der gestellten Frage liegen.

II. A. Hinsichtlich der Auswahl der Sachverständigen muß zwischen dem geologischen und den sonstigen Sachverständigen unterschieden werden. Als geologische Sachverständige stehen die technischen Mitglieder der

---

besitzer im jährlichen Durchschnitt erzielt hat, abschätzt (sofern die Höhe dieses Ertrages nicht bereits durch Zeugenaussagen etc. festgestellt ist) und dann diesen Ertrag in der den Umständen nach geeigneten Weise kapitalisiert."

Oberbergämter und die Revierbeamten zur Verfügung. Es handelt sich hier um eine vorzügliche Klasse von Sachverständigen, gegen deren Unparteilichkeit und Sachkenntnis nicht der geringste Einwand erhoben werden kann. Die Auswahl unter den Sachverständigen wird nun in der Weise getroffen, daß das Gericht entweder einen ihm bereits bekannten Sachverständigen ernennt oder ein Ersuchen um Benennung eines Sachverständigen an das Oberbergamt richtet, welches dann seinerseits den Sachverständigen auswählt. Beide Wege sind zweckmäßig und empfehlenswert; hat das Gericht zu einem bestimmten Sachverständigen besonderes Vertrauen, so steht nichts im Wege, ihm mit der Erstattung des Gutachtens zu beauftragen; anderenfalls wendet es sich an diejenige Behörde, die mit vorzüglicher Sachkenntnis und Unparteilichkeit einen geeigneten Gutachter ernennt. Zu erwägen wäre nur, ob nicht eine Verteilung der Gutachter auf die erste und die Berufungsinstanz zweckmäßig wäre; es müßten dann natürlich die älteren erfahrenen Sachverständigen der Berufungsinstanz vorbehalten bleiben. Bei der heutigen, vollkommen freien Auswahl kann es sich leicht ereignen, daß ein jüngerer, noch weniger erfahrener Gutachter, der in der Berufungsinstanz zum Sachverständigen ernannt wird, sich mit einem in der ersten Instanz erstatteten Gutachten eines älteren, erprobteren Fachmannes auseinanderzusetzen hat und dabei vor die Frage gestellt wird, ob er an dem Gutachten des älteren Sachverständigen Kritik üben will, was ihm dieser vielleicht verübeln könnte, oder aber ob er sich einfach dessen Autorität beugen will. Auch bei der Verteilung der Sachverständigen auf die beiden Instanzen ist noch eine erhebliche Auswahl innerhalb der einzelnen Kategorien möglich; es könnte auch gestattet werden, bei besonders schwierigen Fragen schon in der ersten Instanz einen Sachverständigen zuzuziehen, der sonst der zweiten Instanz vorbehalten ist.

B. Weit schwieriger ist die Auswahl der sonstigen Sachverständigen, zu denen vor allem Bautechniker, Taxatoren ländlicher und städtischer Grundstücke, Landwirte, Chemiker und Botaniker gehören; denn hier fehlt es an Behörden, welche über Sachverständige mit der erforderlichen Sachkenntnis verfügen; teilweise kommen allerdings die Hoch- und Tiefbauämter in Frage, doch gestatten diese Behörden ihren Mitgliedern nur selten die Erstattung von Gutachten. Es kommen mithin fast nur Privatpersonen als Gutachter in Betracht. Bei diesen Sachverständigen aber ist die Unparteilichkeit dadurch stark gefährdet, daß sie sich fast durchweg auch mit Erstattung von Privatgutachten befassen. Es hat sich nun, wenigstens im rheinisch-westfälischen Revier, die Gewohnheit ausgebildet, daß die einzelnen Sachverständigen ihre Privatgutachten entweder nur für Grundstücksbesitzer oder nur für Bergwerksbesitzer erstatten; infolge dieser einseitigen Parteinahme für eine bestimmte Partei sind die Sachverständigen in den Interessenkampf zwischen Grundstücks- und Bergwerksbesitzern hineingezogen, betrachten alle Streitigkeiten von dem einseitigen Parteistandpunkt aus und sind selbst bei bestem Willen nicht in der Lage, ein wirklich unparteiisches Gutachten im Prozesse zu erstatten, auch dann nicht, wenn die Prozeßparteien selbst ihnen unbekannt sind. Es ist deshalb oft für den Ausgang des Prozesses von ausschlaggebender Bedeutung, ob ein „Gutachter der Grundstücksbesitzer“ oder ein „Zechengutachter“, wie sie im Volksmunde genannt werden, vom Gerichte zum Sachverständigen ernannt wird; der Ernennung geht auch oft eine heftige Diskussion der Parteien voran, bei welcher persönliche Angriffe gegen die einzelnen Sachverständigen nicht fehlen. — Alle diese Uebelstände lassen sich im wesentlichen dadurch vermeiden, daß die Gerichte grundsätzlich nur solche Sachverständige auswählen, die keine Privatgutachten in Entschädigungsprozessen erstatten und auch keine entgeltliche Tätigkeit für Grundstücks- oder Bergwerksbesitzer ausüben. Die materielle Stellung einer derartigen Klasse von gerichtlichen Sachverständigen müßte dadurch gesichert werden, daß ihnen für ihre Gutachtertätigkeit eine derartige Vergütung zugebilligt wird, daß sie hierdurch dieselben Einnahmen wie durch die Erstattung von Privatgutachten erzielen; dieses Entgegenkommen dürfte praktisch nicht allzuschwer durchführbar sein, da im allgemeinen sich die

Parteien vor Erstattung gerichtlicher Gutachten gern einverstanden erklären, die Tätigkeit der Sachverständigen auch über den Rahmen der Reichsgebührenordnung hinaus zu vergüten. Bei der großen Zahl von gerichtlichen Gutachten würde es auch an ausreichender Beschäftigung der Sachverständigen nicht fehlen. — Ein Versuch, auf diese Weise völlig unabhängige gerichtliche Sachverständige zu gewinnen, müßte von der Justizverwaltung ausgehen. Bei Durchführung dieser Verteilung der Sachverständigen in drei Klassen, nämlich Gutachter der Grundstücksbesitzer, Zechengutachter und gerichtliche Gutachter, würde volle Klarheit geschaffen werden; natürlich bleibt es auch dann noch den Gerichten unbenommen, im einzelnen Falle auch einen Gutachter der Grundstücks- oder Bergwerksbesitzer zuzuziehen.

III. A. Für alle Sachverständigen, welche gerichtliche Gutachten zu erstatten haben, muß es oberster Grundsatz sein, bei der Anfertigung des Gutachtens mit der größten Sorgfalt vorzugehen und alle Tatumstände nach dem neuesten Stande der Wissenschaft unparteiisch zu würdigen. Die Sachverständigen sollen alle in ihrem Fachgebiet liegenden Fragen, soweit sie das Gericht ihnen gestellt hat, eingehend untersuchen und erschöpfend erörtern. Dagegen müssen sie es unter allen Umständen vermeiden, Fragen zu beantworten, die nicht im Rahmen ihres Fachgebietes liegen oder rechtlicher Natur sind[1]); sollte das Gericht ihnen die Beantwortung derartiger Fragen überlassen, so haben sie das Recht und die Pflicht, die Erstattung eines Gutachtens über derartige Fragen oder auch nur die Beantwortung derartiger Fragen im Rahmen ihres Gutachtens zu verweigern und die Akten unerledigt an das Gericht zurückzusenden. Nicht selten stellt es sich erst nach Erlaß des Beweisbeschlusses bei Erstattung des Gutachtens heraus, daß die dem Sachverständigen gestellte Frage von der Beantwortung einer Vorfrage abhängt; liegt die Entscheidung über diese Vorfrage ebenfalls im Fachgebiete des Sachverständigen, so wird nichts im Wege stehen, daß er zur Beantwortung der Frage

1) Vgl. OLG. Hamm in der Zeitschrift für Bergrecht, Bd. 30 S. 251.

auch auf die Vorfrage eingeht, obwohl ihm deren Beantwortung nicht aufgegeben worden ist; liegt aber die Beantwortung der Frage nicht in seinem Arbeitsgebiet oder ist sie rechtlicher Natur. so darf er sie nicht lösen, sondern muß über die ihm gestellte Hauptfrage ein Gutachten erstatten unter Berücksichtigung der verschiedenen Möglichkeiten, welche die verschiedenartige Beantwortung der Vorfrage zuläßt; ist eine derartige eventuelle Beantwortung der Frage unter Offenhaltung der Vorfrage nach Lage der Sache nicht möglich, so muß der Sachverständige die Akten unerledigt an das Gericht zurücksenden mit dem Ersuchen, vor Erstattung seines Gutachtens die Vorfrage zu entscheiden.

B. 1. Was nun die Gutachten der geologischen Sachverständigen anlangt, so haben diese sich wohl ausschließlich nur mit der Frage zu beschäftigen, ob die Grundstücksschäden auf eine Einwirkung des Bergbaus zurückzuführen sind. Als Möglichkeiten der Einwirkung kommen in Frage Bodensenkungen, Wasserentziehung und Wasserzuführung, soweit letztere durch eine unterirdische Veränderung der Wasserverhältnisse erfolgt sein soll. Bei Wasserentziehung und Wasserzuführung muß der Sachverständige auf die unterirdischen hydrographischen Verhältnisse eingehen, die heute von der Wissenschaft erst zum kleinen Teile festgestellt sind; bei diesem Mangel an wissenschaftlicher Erkenntnis muß der Sachverständige doppelt vorsichtig alle Tatumstände prüfen, um eine Entscheidung zu treffen, die dem heutigen Stande der Wissenschaft entspricht, vielleicht sogar einen Fortschritt in der Erkenntnis bedeutet. — Auch bei Bodensenkungen ist die heutige Wissenschaft noch nicht in der Lage, den Kausalzusammenhang einwandfrei festzustellen. Eine Zeitlang nahm man an, daß Bodensenkungen nur in einem Winkel von höchstens 58° zum Einfallen des abgebauten Flötzes stattfinden könnten, so daß alle jenseits dieser Bruchwinkellinie eingetretenen Schäden nicht mehr auf Einwirkungen des Bergbaus durch Bodensenkungen zurückgeführt werden könnten; neuerdings ist man auch von dieser Auffassung wieder zurückgekommen.

Andererseits steht es keineswegs fest, daß sämtliche innerhalb der Bruchwinkellinie eingetretenen Schäden auf Bodensenkungen zurückzuführen sind; es kommt hier sehr auf die Art des Schadens, die Mächtigkeit des abgebauten Flötzes etc. an; eine längere Beobachtung, insbesondere wenn gleichzeitig Nivellements aufgenommen werden, trägt viel zur Erkenntnis der wahren Schadensursache bei. Hat bei Beschädigung von Gebäuden der Bergwerksbesitzer den Einwand erhoben, daß der Schaden auf unrichtige Baukonstruktion, Verwendung mangelhaften Materials, schlechte Unterhaltung des Gebäudes etc. zurückzuführen sei, so wird sich der geologische Sachverständige mit dem Bausachverständigen, der den Einwand des Bergwerksbesitzers auf seine Richtigkeit prüfen soll, ins Benehmen setzen und mit ihm möglichst ein gemeinsames Gutachten darüber erstatten, auf welche Ursache der Schaden zurückzuführen ist.

2. a) Während die von geologischen Sachverständigen zu erstattenden Gutachten nur den Kausalzusammenhang zwischen Einwirkung des Bergbaus und Eintritt des Schadens regeln, liegt den sonstigen Sachverständigen eine doppelte Aufgabe ob. Sie haben einmal zu prüfen, auf welche Ursache die Schäden zurückzuführen sind, und sie haben ferner den Betrag der Schäden anzugeben. Natürlich kann ihnen in dem einzelnen Prozesse die eine oder die andere Aufgabe für sich allein gestellt sein, meist sind aber beide miteinander verbunden. Bei der Frage nach der Schadensursache gilt für ihr Gutachten das für die geologischen Sachverständigen Gesagte; sie haben die Schadensursache unparteiisch unter Berücksichtigung aller Tatumstände nach dem neuesten Stande der Wissenschaft zu ermitteln, wobei sie sich, wie nochmals betont sei, jedes Eingehens auf andere Gebiete zu enthalten haben.

b. α) Um den Wert des Schadens anzugeben, dürfen die Sachverständigen nur solche Schäden in Betracht ziehen, deren Abschätzung ihnen im Beweisbeschlusse ausdrücklich aufgegeben ist; sie können nach dieser Richtung hin vom Gerichte verlangen, daß dieses ihnen genau angibt, welche Schäden sie zum Gegenstande ihres Gutachtens machen sollen; natürlich wird auch dieser Grundsatz in zweckmäßiger Weise auszulegen sein, so daß z. B. der Sachverständige nicht die Aufzählung aller Beschädigungen eines Gebäudes bis ins einzelne vom Gerichte wird fordern dürfen. Die Sachverständigen dürfen andere als die im Beweisbeschlusse genannten Schäden auch dann nicht in das Gutachten hineinziehen, wenn diese Schäden ihrer Auffassung nach im Beweisbeschlusse hätten genannt sein müssen; höchstens dürfen sie im Gutachten angeben, daß nach ihrer Ansicht der Grundstücksbesitzer noch bestimmte andere, im Beweisbeschlusse nicht erwähnte Schäden erlitten hat, und dürfen dann gleichzeitig deren Betrag angeben. Andererseits dürfen sie auch nicht die Abschätzung von Schäden deswegen unterlassen, weil sie ihrer Auffassung nach zu Unrecht im Beweisbeschlusse erwähnt sind.

β) Ob der zur Herstellung der beschädigten Sache erforderliche Geldbetrag oder Schadensersatz beansprucht wird, ob die Berechnung des Schadensersatzes nach dem Gebrauchswerte oder Tauschwerte, nach subjektivem oder objektivem Maßstab erfolgt, ist an sich nicht von den Sachverständigen zu prüfen, vielmehr hat das Gericht bereits den Beweisbeschluß derart zu formulieren, daß der Sachverständige den Schaden von dem zutreffenden Gesichtspunkte aus berechnet. Immerhin wird es aber auch für den Sachverständigen wünschenswert sein, die juristische Bedeutung der einzelnen Arten der Berechnung zu kennen, wie sie in dieser Abhandlung dargelegt sind; diese Kenntnis wird ihn davor bewahren, den Schaden in unzulässiger Weise teils nach dem Gebrauchs- und teils nach dem Tauschwerte oder teils nach dem objektiven und teils nach dem subjektiven Maßstabe zu berechnen. Sollte der Sachverständige in der Formulierung des Beweisbeschlusses keinen Anhaltspunkt dafür finden, in welcher Weise er den Schaden berechnen soll, so wird er ihn in der Regel nach dem Tauschwerte des Grundstückes und nach objektivem Maßstabe berechnen; sollte der Sachverständige aber Zweifel haben, so empfiehlt es sich für ihn, vor Erstattung des Gutachtens bei dem Gerichte anzufragen.

γ) Der Sachverständige muß bestrebt sein, den von ihm abgeschätzten Beträgen soweit wie möglich eine tatsächliche Grundlage zu geben; schätzt der Sachverständige den Tauschwert eines Grundstückes ab, so wird er auch die Preise, die in der Nachbarschaft für gleichartige Grundstücke gezahlt sind, berücksichtigen müssen; bei einer Abschätzung nach dem Gebrauchswerte wird der Sachverständige den Ertrag des Grundstückes nach objektivem oder subjektivem Maßstabe berechnen und ihn alsdann in geeigneter Weise kapitalisieren.

δ) Im übrigen seien die Sachverständigen noch auf folgende wichtige Einzelheiten hingewiesen: Wird vom Grundstücksbesitzer der zur Herstellung der beschädigten Sache erforderliche Geldbetrag verlangt, so hat der Sachverständige auch zu prüfen, welche Mittel zur Beseitigung des Schadens erforderlich sind, da die Höhe der Entschädigung sich hiernach bestimmt; fordert der Grundstücksbesitzer aber Naturalherstellung, so hat der Sachverständige in seinem Gutachten die Mittel zur Beseitigung des Schadens und die hierfür erforderlichen Aufwendungen nicht anzugeben[1]. In welcher Weise der Sachverständige den Materialschaden eines Gebäudes berechnen muß, ist S. 125 ff., in welcher Weise er Herstellung und Schadensersatz für frühere Schäden auf die nunmehr für neue Verluste zu leistende Entschädigung anzurechnen hat, ist S. 32 f. erwähnt. Ein regelmäßig wiederkehrender, zeitlich unbegrenzter Schaden muß in Form einer Kapitalsabfindung ersetzt werden[2]; bei einem entgangenen Gewinn ist der Zeitpunkt, an welchem der Gewinn voraussichtlich erzielt sein würde, anzugeben, weil das Gericht die Zwischenzinsen abziehen muß[3].

---

1) Vgl. oben S. 34, 123, 169.
2) Vgl. oben S. 74 ff.
3) Vgl. oben S. 73 f.

§ 23. Die Vorabentscheidungen. Das Verfahren über den Grund des Anspruchs.

I. A. Bei umfangreichen Prozessen neigt die Praxis dazu, einen Teil des Rechtsstoffes vor Erledigung des Restes vorab zu entscheiden. Diese Praxis ist sicherlich insofern zu billigen, als durch rechtskräftige Erledigung des ersten Teiles des Rechtsstreites oft umfangreiche und kostspielige Beweisaufnahmen im zweiten Teile überflüssig gemacht werden. Die Praxis geht aber insofern noch weiter, als sie Vorabentscheidungen auch lediglich aus dem Grunde trifft, um einen Teil des Stoffes in der betreffenden Instanz auszuscheiden, ohne daß dieser Teil des Stoffes damit rechtskräftig entschieden wird; es handelt sich also um Urteile, die der Rechtskraft nicht fähig sind, d. h. um alle Zwischenurteile außer den Entscheidungen über den Grund des Anspruchs[1]). Derartige Vorabentscheidungen sind schon etwas bedenklicher; das Bestreben der Gerichte, vor Eintritt eines Wechsels in ihrer Besetzung den zur Entscheidung reifen Teil des Rechtsstreites zu erledigen, ist zwar an sich durchaus verständlich, es wird aber bei derartigen Entscheidungen häufig die Begrenzung des vorab entschiedenen Teiles nicht ganz klargestellt, so daß es zweifelhaft bleiben kann, ob gewisse Einwendungen in dem verbleibenden Teile noch vorgebracht werden können oder nicht. Unter allen Umständen ist diese Praxis dann zu mißbilligen, wenn nicht klargestellt ist, ob dieser vorab entschiedene Teil selbständig der Rechtskraft fähig ist oder nicht; die unterlegene Partei steht dann stets vor der Frage, ob sie gegen das Urteil ein Rechtsmittel einlegen soll, das möglicherweise als unzulässig auf ihre Kosten verworfen wird, oder ob sie sich der Einrede der Rechtskraft aussetzen will, wenn sie das Urteil erst zusammen mit dem übrigen Teile des Rechtsstoffes in der höheren Instanz angreift.

---

1) Die sonstigen der Rechtskraft fähigen Zwischenurteile sind für Entschädigungsprozesse praktisch ohne Bedeutung.

Diese Schwierigkeiten sollten die Praxis veranlassen, etwaige Vorabentscheidungen so einfach wie möglich zu gestalten und alle Verwicklungen auszuscheiden; Urteile, in denen nur über einen Teil der Klagegründe eines Teiles des Anspruchs entschieden wird (sog. Zwischenteilurteile), und Urteile, in denen über einen Teil des Anspruchs vollkommen und von dem übrigen Teile nur über einen Teil der Klagegründe entschieden wird (sog. kombinierte Teil- und Zwischenurteile), sollten möglichst ganz vermieden werden; es sollte vielleicht entweder nur ein Teil- oder nur ein Zwischenurteil ergehen.

B. 1. Von den Vorabentscheidungen gibt die Bedeutung und der Umfang der Teilurteile nur in sehr seltenen Fällen zu Zweifeln Anlaß; wenn der Grundstücksbesitzer seine Klage ordnungsmäßig substantiiert und einen bestimmten Klageantrag gestellt hat, so ist eine ausreichende Unterlage zum Erlaß eines in sich klaren Teilurteils gegeben. Dies Teilurteil muß stets dahin formuliert werden, daß der Beklagte zur Zahlung einer bestimmten Summe nebst Zinsen verurteilt wird, oder der Kläger mit seiner Forderung in Höhe eines bestimmten Betrages abgewiesen wird, und daß die Entscheidung über den Restbetrag sowie über die Kosten des Rechtsstreites dem Schlußurteile vorbehalten wird; die Entscheidungsgründe müssen klar ergeben, in welcher Weise die zugebilligten oder abgewiesenen Beträge berechnet sind. Bei Feststellungsklagen wird durch Teilurteil ein Teil des Rechtsverhältnisses festgestellt, oder die Klage, soweit sie sich auf Feststellung eines Teiles des Rechtsverhältnisses bezieht, abgewiesen; derartige Teilurteile sind natürlich nur zulässig, wenn ein Teil des Rechtsverhältnisses festgestellt werden kann. Unzulässig sind die Formulierungen des Teilurteils dahin, daß der Beklagte verurteilt wird, die von dem Kläger geforderte Entschädigung für einen bestimmten Teil der Schäden, z. B. Reparaturkosten, zu zahlen; hier bleibt stets zweifelhaft, ob damit bereits über den Betrag oder nur über den Grund des Anspruchs entschieden ist, ob also ein Teilurteil oder ein Zwischenteilurteil vorliegt. Bemerkt sei übrigens, daß unter keinen Umständen, auch nicht durch Teilurteil über den Materialschaden eines Gebäudes entschieden werden kann, sondern stets nur über den Minderwert des bebauten Grundstückes. Denn der Materialschaden ist kein Teil, sondern eine Komponente des Minderwertes[1]; es würde auch ein Zwischenurteil unzulässig sein, da der den Materialschaden betreffende Bestandteil des Anspruchs keinen selbständigen Klagegrund auf Ersatz des Minderwertes des Grundstückes bildet.

2. Weit häufiger zu Zweifeln Anlaß geben die Zwischenurteile. Bei ihnen ist es schon häufig unklar, über welche Klagegründe das Urteil entschieden haben will; ganz besonders häufig ist es aber zweifelhaft, ob ein der Rechtskraft fähiges Zwischenurteil über den Grund des Anspruchs oder ein sonstiges, mit Rechtsmitteln nicht angreifbares Zwischenurteil vorliegt. Diese letztgenannte Unklarheit muß vor allem vermieden werden, weil dann, wie bereits erwähnt, der unterlegene Teil im Zweifel sein kann, ob er das Zwischenurteil mit einem Rechtsmittel anfechten kann oder nicht.

Zur Vermeidung derartiger Unklarheiten sollten die Gerichte schon rein äußerlich den Tenor bei Entscheidungen über den Grund des Anspruchs dahin fassen, daß der Anspruch des Klägers dem Grunde nach für berechtigt erklärt wird. Wichtiger aber ist, daß das Gericht in dieser Entscheidung bereits das Vorbringen der Parteien so weit berücksichtigt, als es im Verfahren über den Grund des Anspruchs erledigt sein muß. Denn wenn das Urteil nicht über alle zum Grund des Anspruchs gehörigen Streitpunkte entscheidet, so ist es trotz gegenteiliger Bezeichnung kein selbständiges Zwischenurteil; nur in Zweifelsfällen entscheidet über die Natur des Zwischenurteils und die Zulässigkeit des Rechtsmittels die Absicht des Gerichtes, ein Zwischenurteil der einen oder der anderen Art zu erlassen[2]. Ebenso läßt die Praxis nach, eine zum Grunde des Anspruchs gehörige Einwendung dann im Nachverfahren geltend zu machen,

---

1) Vgl. oben S. 156.

2) Gaupp-Stein, Bem. II zu § 304.

wenn das Gericht sie bei der Vorabentscheidung ausdrücklich oder stillschweigend dem Nachverfahren überwiesen hat [1]).

Ueber den Grund des Anspruchs werden Vorabentscheidungen in Entschädigungsprozessen nur dann erlassen, wenn der Bergwerksbesitzer gleichzeitig den Kausalzusammenhang zwischen der Einwirkung des Bergbaus und dem Eintritt des Schadens bestreitet und die Höhe der verlangten Entschädigung bemängelt. Es würde aber unrichtig sein, wie dies in der Praxis noch vielfach geschieht, ein Zwischenurteil über den Grund des Anspruchs bereits dann zu erlassen, wenn der Kausalzusammenhang zwischen Einwirkung des Bergbaus und Eintritt des Schadens erwiesen ist [2]).

II. A. In dem Verfahren über den Grund des Anspruchs ist nach der ständigen Rechtsprechung des Reichsgerichts das Vorbringen der Parteien so weit zu berücksichtigen, daß für das Nachverfahren nur über den Betrag der vom Grundstücksbesitzer geltend gemachten Ansprüche zu erkennen ist [3]). In dem Verfahren über den Grund des Anspruchs ist hiernach nicht nur zu prüfen, ob ein Rechtsgrund für den Grundstücksbesitzer vorliegt, Ansprüche gegen den Bergwerksbesitzer zu erheben, sondern es ist auch darüber zu entscheiden, ob und inwieweit der Grundstücksbesitzer jeden einzelnen der von ihm erhobenen Ansprüche geltend machen darf, und endlich sind alle Einwendungen des Bergwerksbesitzers zu prüfen, soweit sie sich gegen den Bestand (nicht die Höhe) der Ansprüche des Grundstücksbesitzers in ihrer Gesamtheit oder gegen den Bestand eines einzelnen Anspruchs richten.

1. Zu den Einwendungen des Bergwerksbesitzers, die bereits in dem Verfahren über den Grund des Anspruchs zu prüfen sind, gehört die Aufrechnung sowohl dem Grunde wie dem Betrage nach, weil sie sich gegen den

---

1) RG. in der Juristischen Wochenschrift, Jahrgang 1903 S. 291.

2) Derartige Urteile müssen wegen prozessualer Verstöße aufgehoben werden; vgl. RG. in der Zeitschrift für Bergrecht, Bd. 42 S. 109; bei Daubenspeck, Bergrechtliche Entscheidungen, Bd. 2 S. 219.

3) Gaupp-Stein, Anm. I, 2 zu § 304.

Bestand des Anspruchs des Grundstücksbesitzers richtet[1]; ferner gehören hierher von den Einwendungen, die in Entschädigungsprozessen häufiger vorkommen, der Einwand des konkurrierenden Verschuldens einschließlich der etwaigen Verteilung[2], der Einwand der Vorteilsausgleichung[3] und der Einwand, daß der Grundstücksbesitzer bei wiederkehrenden Leistungen Anfangs- und Endtermin unrichtig angegeben habe; ob der letztgenannte Einwand zum Verfahren über den Grund oder über den Betrag des Anspruchs gehört, ist allerdings von der Rechtsprechung offen gelassen worden[4]. Jedenfalls liegt es im Interesse des Bergwerksbesitzers, in zweifelhaften Fällen seine Einwendungen bei dem Streit über den Grund des Anspruchs vorzubringen.

2. Nicht nur der Rechtsgrund der Ansprüche des Grundstücksbesitzers in ihrer Gesamtheit, sondern auch der jedes einzelnen Anspruchs muß im Verfahren über den Grund des Anspruchs erledigt werden. Hieraus folgt, daß der Grundstücksbesitzer bereits im Verfahren über den Grund des Anspruchs jeden einzelnen Anspruch substantiieren muß; es genügt nicht die Angabe des Grundstücksbesitzers, daß er Herstellung oder daß er Schadensersatz beanspruche, und es reicht auch nicht eine Erklärung aus, daß er seinen Schaden nach dem Gebrauchs- oder dem Tauschwerte des Grundstückes, nach dem objektiven oder subjektiven Maßstabe berechne.

B. 1. Hiermit sind die Erfordernisse der Substantiierung der Klage erst negativ umschrieben; was positiv erforderlich ist, ergibt sich aus der Vorschrift des § 253 Abs. 2 Ziff. 2 ZPO., wonach jede Klageschrift enthalten muß

---

1) RG. in Zivilsachen, Bd. 52 S. 27.

2) RG. in Zivilsachen, Bd. 53 S. 117.

3) RG. im Sächsischen Archiv, Bd. 12 S. 727. Diesen Einwand in das Verfahren über den Grund des Anspruchs hineinzuziehen, erscheint mir bedenklich wegen der Vorschrift des § 92 Abs. 2 ZPO.; vgl. hierüber unten S. 189. Auch nach Gaupp-Stein, Bem. I, 2 zu § 304 richtet sich der Einwand der Vorteilsausgleichung gegen den Betrag des Anspruchs.

4) RG. in der Juristischen Wochenschr., Jahrg. 1904 S. 575; bei Gruchot, Bd. 49 S. 1112 f.

„die bestimmte Angabe des Gegenstandes und des Grundes des erhobenen Anspruchs, sowie einen bestimmten Antrag".

Da in der Klageschrift ein „bestimmter Antrag" gestellt werden muß, so muß sich zunächst der Grundstücksbesitzer schon vor Erhebung der Klage darüber entscheiden, ob er Naturalherstellung oder Geldentschädigung verlangen will, denn im ersteren Falle muß er seinen Antrag auf Beseitigung der Schäden, im letzteren auf Zahlung einer Geldsumme richten [1]). Verlangt er Naturalherstellung, so hat sein Klageantrag bereits genau die Schäden zu bezeichnen, welche beseitigt werden sollen. Wird Geldentschädigung beansprucht, so ist der „Grund des erhobenen Anspruchs" anzugeben, auf Grund dessen der Antrag gestellt ist; es ist also zunächst zu erklären, ob die Geldsumme als der zur Herstellung erforderliche Geldbetrag oder als Schadensersatz beansprucht wird. In dem einen wie in dem anderen Falle sind alle Momente anzuführen, deren Gesamtheit die Folgerung ergeben, daß der im Klageantrag bezeichnete Geldbetrag vom Bergwerksbesitzer an den Grundstücksbesitzer zu zahlen ist [2]). Wird hiernach der zur Herstellung erforderliche Geldbetrag begehrt, so müssen die Schäden, welche zu beseitigen sind, angegeben werden, ferner die Mittel, welche zur Beseitigung erforderlich sind, und endlich der Geldbetrag, welcher zur Anwendung der Mittel notwendig ist; Schäden, Beseitigungsmittel und Aufwendungskosten müssen bereits in der Klageschrift derartig genau spezifiziert werden, daß der Gesamtbetrag der Aufwendungskosten dem in dem Klageantrage ausgesprochenen Begehren entspricht. In gleicher Weise muß der Anspruch auf Schadensersatz spezifiziert werden; es muß genau angegeben werden, für welche Schäden Er-

1) Während im materiell-rechtlichen Sinne zunächst das Wahlrecht zwischen Herstellung und Schadensersatz auszuüben ist (vgl. § 3 der Abhandlung), hat der Grundstücksbesitzer prozessual zunächst zwischen Naturalherstellung und Geldentschädigung zu wählen. Praktische Bedeutung hat diese Verschiedenheit nicht.

2) Der Gegensatz zwischen der sogenannten Substantiierungs- und der sogenannten Individualisierungstheorie ist für die Ausführungen im Texte bedeutungslos.

satz begehrt wird, es genügt also z. B. nicht, etwa „Ersatz für alle verlorenen Werbungskosten" zu verlangen, sondern jeder einzelne durch den Verlust von Werbungskosten entstandene Schaden muß besonders aufgeführt sein. Gleiches gilt von der Art der Berechnung; es muß angegeben werden, auf welche Weise der Schadensersatz berechnet werden soll, es müssen die für die Berechnung maßgebenden konkreten Tatsachen, z. B. bei der Berechnung nach dem Gebrauchswerte der Ertragsausfall, angegeben werden; aus diesen Tatsachen und Umständen muß dann eine vollkommene Berechnung aufgestellt werden, deren Gesamtergebnis dem in der Klageschrift gestellten Begehren entspricht.

Nun braucht der Klageantrag keine zahlenmäßige Angabe des geforderten Betrages zu enthalten, wenn er die Grundlage für die Abgrenzung des Anspruchs derart enthält, daß der Betrag in dem anhängigen Verfahren durch richterliches Ermessen, nötigenfalls durch Sachverständige, festgestellt werden kann [1]). Dies bedeutet für den Entschädigungsprozeß, daß der Grundstücksbesitzer nicht die einzelnen Beträge des ihm erwachsenen Schadens ziffernmäßig anzugeben braucht [2]), entbindet ihn aber nicht von der Verpflichtung, alle Tatsachen vorzubringen, deren Gesamtheit bei Einrückung der einzelnen Schadensbeträge das Begehren des Klägers gerechtfertigt erscheinen läßt. Die Vergünstigung, die der Grundstücksbesitzer in der Substantiierung seiner Ansprüche genießt, wenn die Höhe des Schadens abgeschätzt werden soll, bezieht sich also lediglich auf die einzelnen Beträge zur Abgeltung des Schadens, nicht auf die zur näheren Kennzeichnung und Beschreibung des Schadens erforderlichen Tatsachen.

Diese Vergünstigung für den Grundstücksbesitzer in bezug auf die ziffernmäßige Substantiierung seines Schadens kann ihm aber nur dann gewährt werden, wenn und solange der Betrag der zu vergütenden Entschädigung nicht Gegenstand

---

1) Gaupp-Stein, Bem. III, 4 zu § 253.

2) Wohl aber, im Falle der Naturalherstellung, die einzelnen herzustellenden Anlagen (RG. in der Zeitschrift für Bergrecht, Bd. 39 S. 215).

des Streitverfahrens ist. Dies ergibt sich aus folgender Erwägung: Sofern der Bergwerksbesitzer überhaupt eine Entschädigung zu zahlen hat, ist natürlich eine solche zu leisten, die nach dem richterlichen Ermessen, das eventuell durch von Amts wegen erforderte Gutachten gestützt wird, angemessen erscheint; hierüber kann überhaupt kein Streit unter den Parteien herrschen. Streitig kann vielmehr nur sein, welcher Betrag angemessen ist; dieser Streit kann aber hinwiederum nur eintreten, wenn der Grundstücksbesitzer, sei es ohne, sei es nach Erstattung der Gutachten, einen bestimmten Betrag als angemessen erfordert; beansprucht er aber einen bestimmten Betrag, so hat er diesen in seinem Klageantrag anzugeben. Hieraus folgt der Grundsatz: findet ein Nachverfahren über den Betrag des Anspruchs statt, so ist in diesem die verlangte Summe im Klageantrag ziffernmäßig zu bezeichnen; für das Verfahren über den Grund des Anspruchs gilt dies Erfordernis nicht.

2. Diese Verschiedenheit der Klageanträge in dem Verfahren über den Grund und die Höhe des Anspruchs ist auch nicht ganz bedeutungslos für die Substantiierung: Im Verfahren über den Grund des Anspruchs brauchen solche Tatsachen nicht angeführt zu werden, welche eine Bedeutung lediglich für den Betrag des Anspruchs haben. Zu diesen Tatsachen gehört, wie bereits mehrfach erwähnt, nicht die Frage, ob der Schaden nach dem Gebrauchs- oder dem Tauschwerte, nach dem subjektiven oder dem objektiven Maßstabe zu berechnen ist; denn bei dieser Frage handelt es sich darum, in welcher Weise der Anspruch als solcher zu substantiieren ist, d. h. um den Grund des Anspruchs; es muß infolgedessen das diese Frage betreffende Wahlrecht bereits bei dem Verfahren über den Grund des Anspruchs ausgeübt werden. Anders liegt es dagegen bei der Frage, ob der Schaden durch Zahlung einer Rente oder durch Kapitalsabfindung zu vergüten ist; die Entscheidung dieser Frage ist überhaupt nicht von der Ausübung eines Wahlrechtes abhängig, sondern lediglich von der Tatsache, ob der Schaden regelmäßig wiederkehrt und zeitlich nicht begrenzt ist. Nimmt man nun an, daß bei einem regelmäßig

wiederkehrenden, zeitlich unbegrenzten Schaden die Substanz der Sache beschädigt ist, bei einem unregelmäßig wiederkehrenden oder zeitlich begrenzten Schaden aber nicht, so daß die Kapitalsabfindung den Ersatz für einen Substanzschaden, die Zahlung einer Rente aber den Ersatz für einen Ertragsschaden darstellt, so muß man zu dem Ergebnisse gelangen, daß die Frage, ob eine Rente oder Kapitalsabfindung zu gewähren ist, den Grund des Anspruchs betrifft. Denn ein Substanzschaden ist seiner Natur nach von einem Ertragsschaden verschieden. Tritt man aber der hier vertretenen Auffassung bei, daß die Kapitalsabfindung nur deswegen zugebilligt wird, um die Verbindlichkeiten zwischen den Parteien aus der Welt zu schaffen, so wird man die Entscheidung der Frage erst im Verfahren über den Betrag des Anspruchs treffen; denn maßgebend ist alsdann nur, ob der Anspruch des Grundstücksbesitzers regelmäßig wiederkehrt und zeitlich unbegrenzt ist[1]).

3. Vorstehende strenge Grundsätze über die Substantiierung der Klage werden dadurch abgeschwächt, daß das Gesetz in einigen Fällen nachträgliche Aenderungen der Substantiierung zuläßt (§ 268 ZPO.); insoweit derartige Aenderungen zugelassen sind, können sie in jedem Stadium des Prozesses, abgesehen von der Revisionsinstanz, also auch noch im Verfahren über den Betrag des Anspruchs, vorgenommen werden. Die für den Bergschädenprozeß wichtigste Aenderung, die noch im Verfahren über den Betrag des Anspruchs zugelassen wird, ist die Erweiterung des Klageantrages, wenn der Klagegrund nicht geändert wird (§ 268 Ziff. 2 ZPO.); eine derartige Erweiterung des Antrages ohne Aenderung des Klagegrundes liegt nicht nur dann vor, wenn Ansprüche für weitere Schäden geltend gemacht werden, sondern auch in denjenigen Fällen, in denen ein konkreter Schaden oder ein subjektiv berechneter Verzugsschaden nachträglich zum Gegenstande des Prozesses gemacht wird[2]).

---

1) Vgl. oben S. 74 f., 78 f.
2) Vgl. oben S. 60 f., 67.

§ 24. Die Entscheidung im Kostenpunkt.

I. A. Die Kosten des Entschädigungsanspruchs sind nach allgemeinen Grundsätzen von der unterliegenden Partei zu tragen. Erstattungsfähig sind die „zur zweckentsprechenden Rechtsverfolgung oder Rechtsverteidigung notwendigen" Kosten (§ 91 ZPO.); hierzu gehören auch die Kosten für die von den Parteien eingeholten Privatgutachten, Kosten von Untersuchungen, Nivellierungen, sofern die Partei der Lage der Sache nach die Gutachten einholen, die Untersuchungen etc. vornehmen mußte, um den Rechtsstreit zu beginnen oder fortzuführen; ob diese Kosten vor oder nach Erhebung der Klage aufgewendet worden sind, ist unerheblich. Hiernach wird der Grundstücksbesitzer im Falle des Obsiegens in der Regel die von ihm für Erstattung von Privatgutachten etc. aufgewendeten Kosten ersetzt erhalten. Aber auch der Bergwerksbesitzer wird, wenn er den Prozeß gewinnt, das Gleichc tun können; insbesondere wird er auch die Zeit, welche seine technischen Angestellten auf die Bearbeitung des Prozesses verwendet haben, ihrem Gehalte entsprechend in Ansatz bringen dürfen. Das Gegenteil wird man nicht per argumentum e contrario aus § 91 Abs. 1 Satz 2 ZPO. entnehmen dürfen, wonach von den eigenen Kosten der Partei erstattungsfähig ist „die durch notwendige Reisen oder durch die notwendige Wahrnehmung von Terminen entstandene Zeitversäumnis"; wie die Entstehungsgeschichte dieser Vorschrift ergibt[1]), sollte sie nicht den Erstattungsanspruch der obsiegenden Partei begrenzen, sondern eine alte Streitfrage in dem der obsiegenden Partei günstigen Sinne entscheiden. Nimmt man aber an, daß durch diese Vorschrift alle notwendigen Auslagen der Partei für erstattungsfähig erklärt werden, so wird man dem obsiegenden Bergwerksbesitzer auch einen Ersatzanspruch für den Zeitaufwand zubilligen müssen, den seine Angestellten bei der Bearbeitung des Rechtsstreites nach der technischen Seite hin gehabt haben. Diese Kosten sind vom Bergwerks-

---

1) Gaupp-Stein, Bem. IV zu § 91.

besitzer verausgabt, da er seine Beamten angestellt und besoldet hat, damit sie die Bergschädenangelegenheiten untersuchen; die Kosten sind auch zur Rechtsverteidigung in der Regel notwendig im Gegensatze zu den Kosten für einen juristischen Angestellten; letztere sind deswegen nicht notwendig im Sinne des Gesetzes, weil der Prozeß durch den Rechtsbeistand des Bergwerksbesitzers eine Bearbeitung nach der juristischen Seite hin erhält.

Wenn der Grundstücksbesitzer zum Teil mit seinen Ansprüchen durchdringt und zum Teil mit seiner Klage abgewiesen wird, so sind die Kosten, wenn sie nicht gegen einander aufgehoben werden, verhältnismäßig zu teilen (§ 92 Abs. 1 Satz 1 ZPO.). Das Verhältnis wird bestimmt nach dem Betrage des Obsiegens und Unterliegens, nicht danach, ob die Partei mit denjenigen Ansprüchen, deren Feststellung besonders kostspielig war, obgesiegt hat oder unterlegen ist; wenn z. B. der Anspruch des Grundstücksbesitzers dem Grunde nach in voller Höhe gerechtfertigt ist, dem Betrage nach aber nur zur Hälfte, so hat jede Partei die Kosten auch dann zur Hälfte zu tragen, wenn die Kosten ganz überwiegend in dem Verfahren über den Grund des Anspruchs entstanden sind.

B. Von diesem Grundsatze gibt es aber eine für die Entschädigungsprozesse sehr wichtige Ausnahme. Das Gericht kann dem Bergwerksbesitzer dann die gesamten Kosten des Rechtsstreites auferlegen, wenn der Betrag der Forderung des Grundstücksbesitzers von der Festsetzung durch richterliches Ermessen, von der Ausmittlung durch Sachverständige oder von einer gegenseitigen Berechnung abhängig war (§ 92 Abs. 2 ZPO.).

Voraussetzung für die Anwendung dieser Vorschrift ist, daß der Anspruch des Grundstücksbesitzers dem Grunde nach in voller Höhe gerechtfertigt ist und nur dem Betrage nach zum Teil abgewiesen wird[1]. Als weitere Voraus-

1) Allerdings richtet sich nach Auffassung des Reichsgerichts (vgl. oben S. 183) der Einwand der Vorteilsausgleichung gegen den Grund des Anspruchs; da bei ihm eine „gegenseitige Berechnung" stattfindet, so könnte hiernach § 92 Abs. 2 ZPO. auch bei einem Streite über den Grund des Anspruchs Anwendung

setzung wird man annehmen müssen, daß der Grundstücksbesitzer nach Eingang des Gutachtens des Sachverständigen, nach Feststellung der gegenseitigen Berechnung seinen Anspruch auf den entsprechend niedrigeren Betrag herabgesetzt hat[1]); denn nur deswegen ist die Vorschrift des § 92 Abs. 2 ZPO. getroffen, weil jeder Kläger bei einer der Abschätzung unterliegenden Forderung niemals vorhersehen kann, in welcher Höhe sie ihm zugebilligt wird; hat er aber nach Kenntnis des Gutachtens der Sachverständigen und nach Aufstellung der Berechnung des Gegners Anhaltspunkte gewonnen, so muß er auch zur Anwendung der Vorschrift des § 92 Abs. 2 ZPO. unverzüglich seine Zuvielforderung fallen lassen. — Die Anwendung der Vorschrift des § 92 Abs. 2 ZPO. ist, wie das Wort „kann" ergibt, in das Ermessen des Gerichts gestellt; das Gericht sollte aber die Bestimmung stets anwenden, wenn der Grundstücksbesitzer seinen Mehranspruch unverzüglich fallen läßt, sobald er Anhaltspunkte für den tatsächlichen Betrag des Schadens hat.

II. A. Auch für die vor Erhebung der Klage entstandenen Kosten kann die obsiegende Partei von der unterliegenden Ersatz verlangen, sofern sie zur zweckentsprechenden Rechtsverfolgung oder Rechtsverteidigung notwendig waren; ob dies der Fall ist, entscheidet das Gericht nach freiem Ermessen.

B. Zweifelhaft ist die Ersatzpflicht, wenn die Parteien sich bereits vor Erhebung der Klage gütlich einigen, eine der Parteien aber oder auch beide bereits Kosten aufgewendet haben; dies hat bei der Entschädigung für Bergbauschäden namentlich dann praktische Bedeutung, wenn sich der Grundstücksbesitzer zur Erlangung der Entschädigung einen Rechtsbeistand annimmt oder ein Privatgutachten anfertigen läßt. Für diese Kosten kann der Grundstücksbesitzer nicht auf Grund der Vorschriften der Zivilprozeßordnung Ersatz verlangen, denn diese finden nur dann An-

---

finden. Aber gerade wegen dieser Konsequenz erscheint mir der Standpunkt des Reichsgerichts bedenklich.

1) Die Literatur schweigt über diesen Punkt.

wendung, wenn es zu einer Klageerhebung gekommen, der Streit also rechtshängig geworden ist[1]. Der Grundstücksbesitzer kann die ihm so erwachsenen Kosten nur auf Grund der Vorschriften des bürgerlichen Rechtes ersetzt verlangen, also entweder auf Grund eines Anspruchs aus unerlaubter Handlung oder als Verzugsschaden. Ein Anspruch aus unerlaubter Handlung wird nur sehr selten gegeben sein; er könnte nur dann in Frage kommen, wenn der Bergwerksbesitzer in einer gegen die guten Sitten verstoßenden Weise die Befriedigung des Grundstücksbesitzers unterlassen würde mit dem Vorsatze, ihm hierdurch Schaden zuzufügen. Häufiger dagegen kann ein Ersatz der Kosten als Verzugsschaden beansprucht werden; der Bergwerksbesitzer ist zur Erstattung verpflichtet, wenn er bereits zu der Zeit im Verzuge war, als der Grundstücksbesitzer die Kosten aufgewendet hat, um seinen Anspruch geltend zu machen[2]. Da ein Verzug erst eintritt, wenn der Grundstücksbesitzer dem Bergwerksbesitzer gegenüber eine bestimmte Forderung erhoben hat[3], so würde ein Ersatzanspruch dann z. B. nicht gegeben sein, wenn der Grundstücksbesitzer zunächst von dem Bergwerksbesitzer ganz allgemein verlangt, ihn wegen der erlittenen Bergbauschäden zu entschädigen, und dann, wenn der Bergwerksbesitzer nicht antwortet oder eine Entschädigung verweigert, sich ein Privatgutachten anfertigen läßt und einen Rechtsbeistand annimmt, um nunmehr bestimmte Ansprüche zu erheben[4]. Es ist nicht zu verkennen, daß dies Ergebnis für den Grundstücksbesitzer sehr bedauerlich ist, da er oft erst durch Zuziehung von juristischen und technischen Ratgebern die Höhe seiner Entschädigungsforderung übersehen kann; er wird sich also entscheiden müssen, ob er für Zuziehung eines Beistandes Kosten aufwenden will, die ihm möglicherweise nicht ersetzt werden, oder ob er ohne genaue Kenntnis der Sach- und Rechtslage seinen Entschädigungsanspruch ziffern-

---

1) Gaupp-Stein, Bem. II zu § 91.

2) Vgl. oben S. 66.

3) Vgl. oben S. 66.

4) Vgl. die im „Glückauf", Jahrgang 1912 S. 645 zu 2 erwähnte Entscheidung (das erkennende Gericht ist nicht bezeichnet).

mäßig festlegen will; der Verfasser dieses Buches kann dem Grundstücksbesitzer nur den dringenden Rat geben, die erste Alternative zu wählen, bei der er zwar möglicherweise einige Kosten aufwenden muß, aber vor größerem Schaden bewahrt bleibt, der vor allem dann eintreten würde, wenn er seinen Schaden, den er als Laie nicht übersehen kann, zu niedrig angibt [1]). Auf der anderen Seite kann auch de lege ferenda eine Erweiterung der Verpflichtung des Bergwerksbesitzers zur Kostenerstattung nicht empfohlen werden; denn es kann dem Bergwerksbesitzer nicht zugemutet werden, sich auf unbestimmte und unsubstantiierte Forderungen des Grundstücksbesitzers einzulassen.

§ 25. Arrest und einstweilige Verfügung.

I. Arreste und einstweilige Verfügungen in Streitigkeiten betreffend die Entschädigungen für Bergbauschäden gehören wohl zu den größten Seltenheiten; mir ist wenigstens nicht bekannt, daß jemals solche erlassen, ja auch nur beantragt worden sind. Dies hängt einmal wohl damit zusammen, daß die Praxis der Industriebezirke, namentlich des rheinisch-westfälischen Reviers, nur in sehr schwerwiegenden Fällen Arreste und einstweilige Verfügungen erläßt; ferner aber damit, daß derartige Entschädigungsforderungen sich nur selten zum Erlasse vorläufiger Entscheidungen eignen.

II. A. 1. Die in Entschädigungsprozessen beanspruchte Forderung ist zwar stets eine Arrestforderung im Sinne des § 916 Abs. 1 ZPO., auf Grund deren ein Arrest erlassen werden darf. Wird nämlich eine Geldentschädigung beansprucht, so liegt eine Geldforderung im Sinne des § 916 Abs. 1 ZPO. vor; aber auch dann, wenn der Grundstücksbesitzer Naturalherstellung verlangt, kann ein Arrest erlassen werden, weil der Anspruch auf Naturalherstellung im Falle der Zwangsvollstreckung in eine Geldforderung übergehen kann, da er auf Vornahme einer vertretbaren Handlung gerichtet ist (§ 887 ZPO.). Ist der zu ersetzende Schaden

---

1) Vgl. oben S. 164.

regelmäßig wiederkehrend, aber zeitlich begrenzt, so daß der Grundstücksbesitzer Zahlung einer Rente beanspruchen kann, so liegen auch die Voraussetzungen zum Erlaß einer einstweiligen Verfügung gemäß § 940 ZPO. vor [1]).

2. Schwierigkeiten bereitet dagegen die Glaubhaftmachung der Arrestforderung. Denn wenn der Kausalzusammenhang zwischen Einwirkung des Bergbaus und Eintritt des Schadens unter den Parteien streitig ist, so kann ein einzelnes, dem Grundstücksbesitzer günstiges Privatgutachten zur Glaubhaftmachung nicht genügen, da erfahrungsmäßig die Gutachten von Sachverständigen einander oft widersprechen. Mit Rücksicht darauf, daß der Grundstücksbesitzer selten in der Lage ist, den auf Grund des Arrestes oder der einstweiligen Verfügung erhaltenen Betrag zurückzuerstatten, wenn er im Hauptprozesse unterlegen ist, wird man besonders hohe Anforderungen an die Glaubhaftmachung stellen müssen. Man wird deshalb einen Arrest oder eine einstweilige Verfügung nur dann erlassen, wenn der Tatbestand so weit geklärt ist, daß jedenfalls feststeht, daß der Bergwerksbesitzer entschädigungspflichtig ist. Es muß also der Grund des Anspruchs, wozu vor allem die Frage des Kausalzusammenhanges zwischen Einwirkung des Bergbaus und Eintritt des Schadens gehört, bereits zugunsten des Grundstücksbesitzers geklärt sein, und zwar entweder durch rechtskräftiges Zwischenurteil oder doch wenigstens derartig, daß nach Ansicht des Gerichts das Ergebnis der Beweisaufnahme nicht mehr durch Hinzutritt neuer Momente umgestoßen werden kann. Andererseits ist der Erlaß eines Arrestes oder einer einstweiligen Verfügung innerhalb dieser engen Grenzen oft zweckmäßig zur Durchkreuzung einer Verschleppung des Rechtsstreites durch den Bergwerksbesitzer.

B. 1. Wegen Fehlens eines Arrestgrundes aber wird ein Arrest selbst innerhalb dieser engen Grenzen nur sehr selten erlassen werden können. Persönliche Arreste scheiden von vornherein aus; aber auch ein dinglicher Arrest

1) RG. Bd. 27 S. 429.

ist nur dann zulässig, „wenn zu besorgen ist, daß ohne dessen Verhängung die Vollstreckung des Urteils vereitelt oder wesentlich erschwert werden würde" (§ 917 Abs. 1 ZPO.). Voraussetzung für den Erlaß eines Arrestes ist also, daß Schwierigkeiten bei der Vollstreckung des Urteils zu befürchten sind, daß also zu dieser Zeit der Schuldner nicht in der Lage ist, den Gläubiger ordnungsmäßig zu befriedigen. — Nun sind aber die Bergwerksbesitzer fast durchweg physische oder juristische Personen mit größerem Betriebskapital, für welche die Leistung einer einzelnen Entschädigung, auch wenn sie verhältnismäßig groß ist, keine allzu erhebliche Bedeutung hat; sofern also der Bergwerksbesitzer überhaupt zahlungsfähig ist, wird er auch imstande sein, die Entschädigung zu zahlen. Es wird aber auch kaum jemals der Fall eintreten, daß der Grundstücksbesitzer glaubhaft machen kann, daß der Bergwerksbesitzer später, bei Vollstreckung des Urteils, voraussichtlich zahlungsunfähig sein wird.

2. Häufiger werden die Voraussetzungen zum Erlasse einstweiliger Verfügungen erfüllt sein; denn hier wird nur gefordert, daß sie „wesentliche Nachteile abwenden". Derartige Nachteile würden dann eintreten, wenn der Grundstücksbesitzer pekuniär nicht in der Lage sein würde, die Einnahmen aus den Erträgnissen seines Grundstückes zu entbehren, oder wenn durch die Verzögerung der Entschädigung weitere sehr erhebliche Nachteile entstehen würden. Die Fälle, in denen derartige „wesentliche Nachteile abgewendet" würden, dürften nicht ganz selten sein.

Sachregister.

(Die Ziffern bedeuten die Seitenzahlen des Buches.)

Frommannsche Buchdruckerei (Hermann Pohle) in Jena — 4220

FSC
www.fsc.org
MIX
Papier | Fördert
gute Waldnutzung
FSC® C083411

Kolibri 360 GmbH
Ferdinand-Jühlke-Straße 7
99095 Erfurt, Deutschland
produktsicherheit@kolibri360.de